UNE ALIMENTATION

Adulte Livre Edition de Chevaux a Colorier

Coloring Bandit

Publié par Speedy Publishing Canada Limited

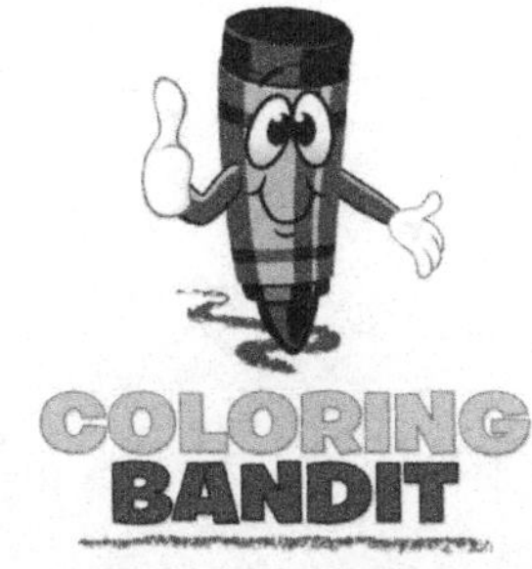

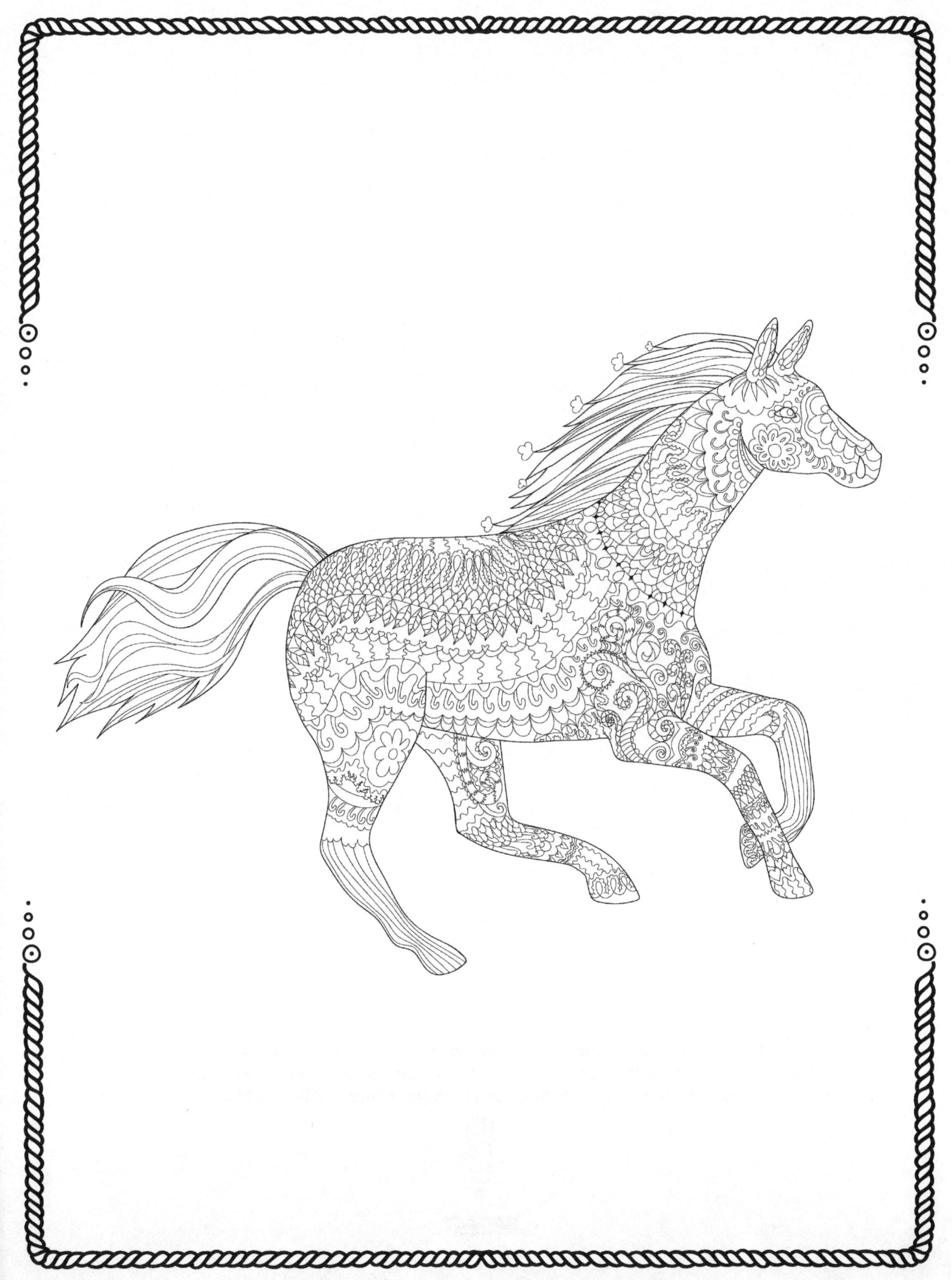

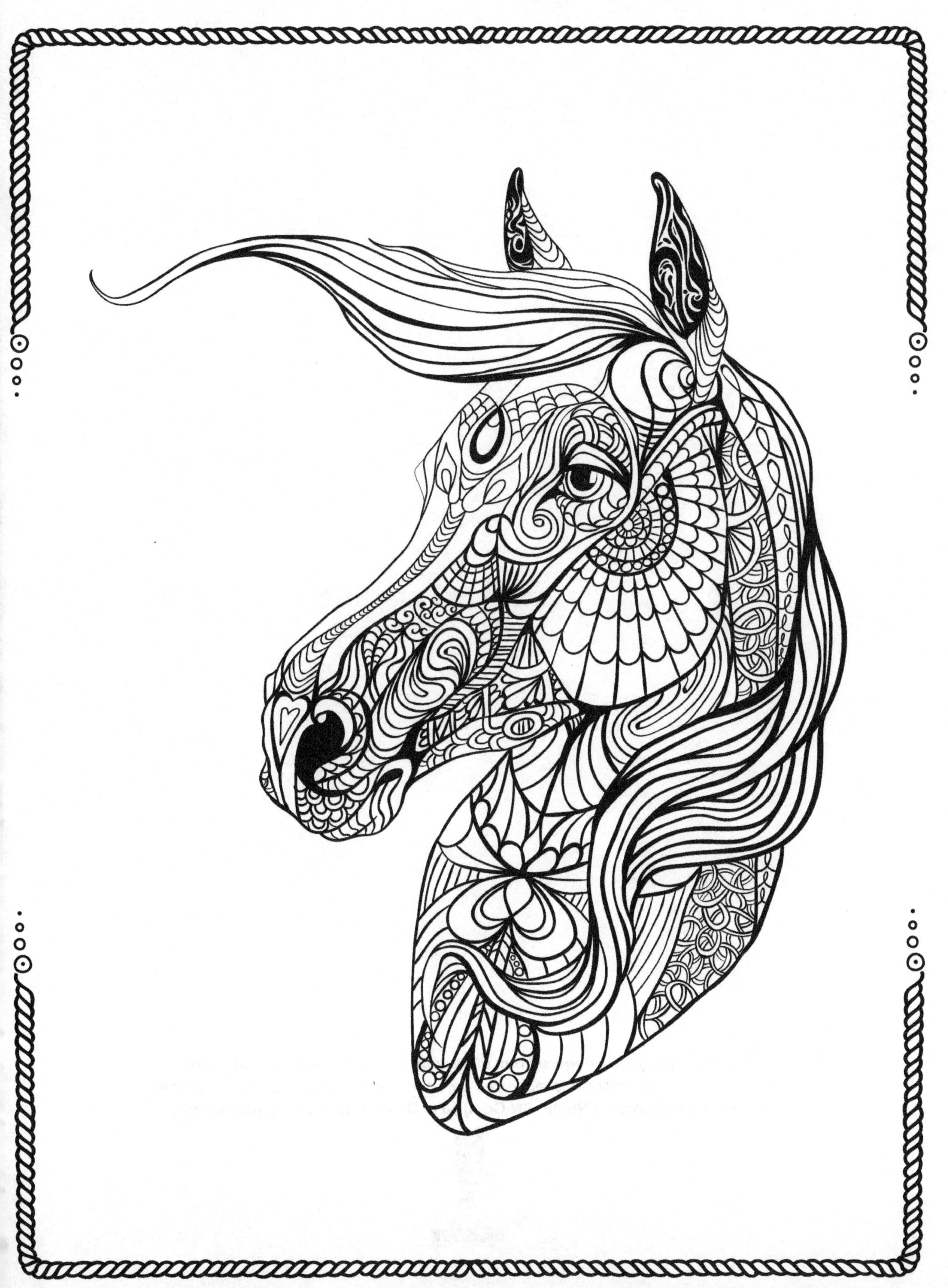

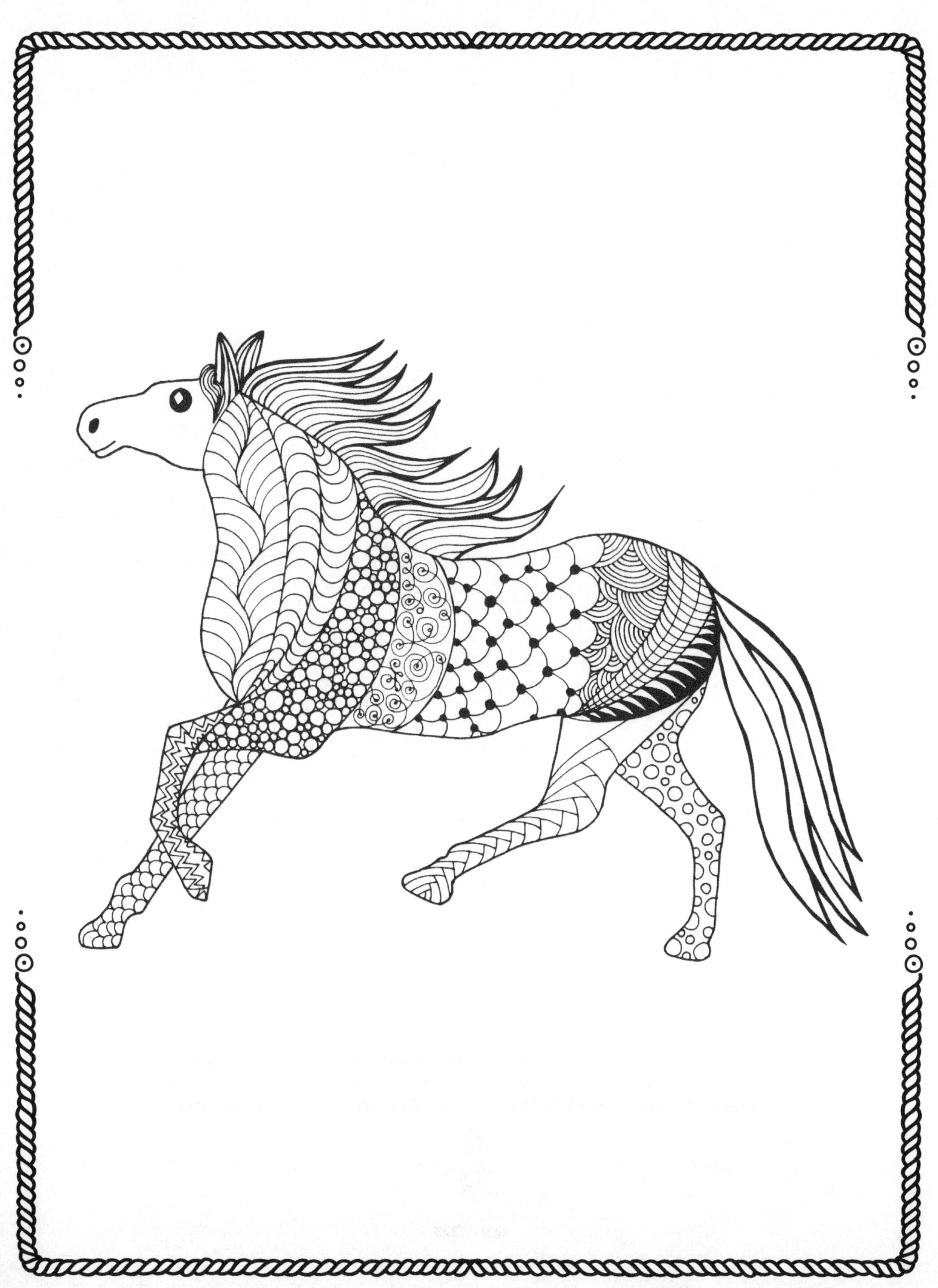

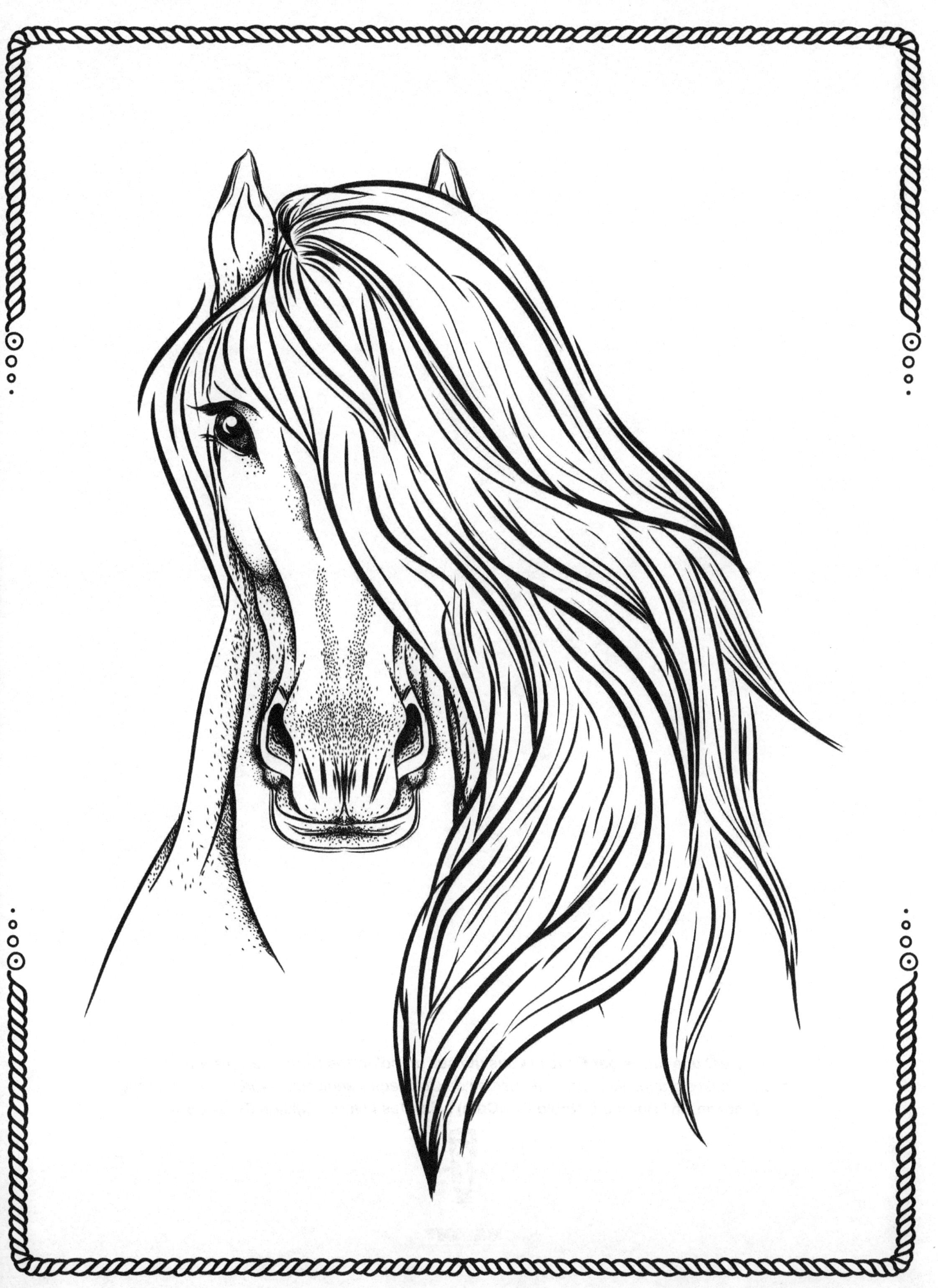

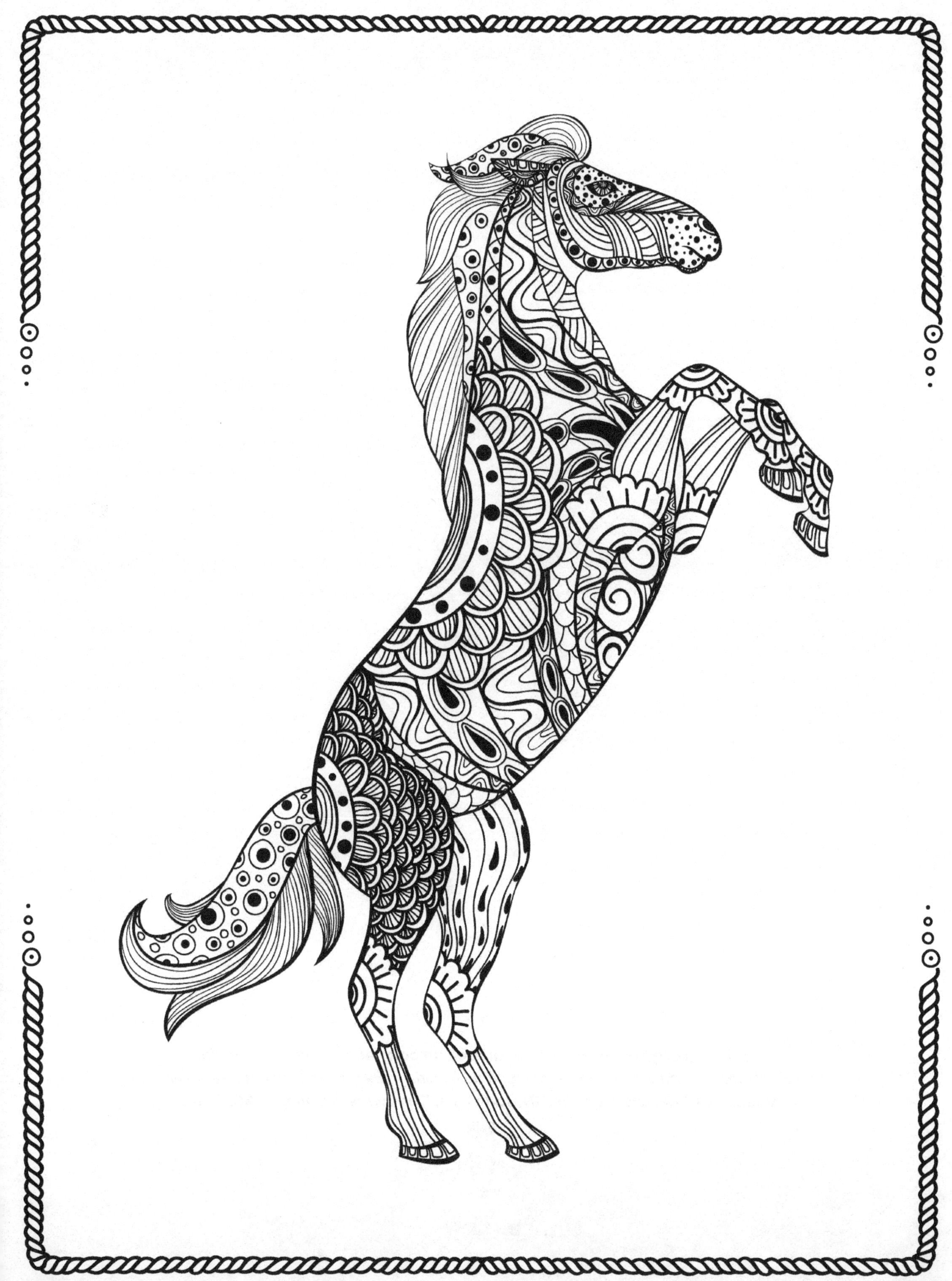

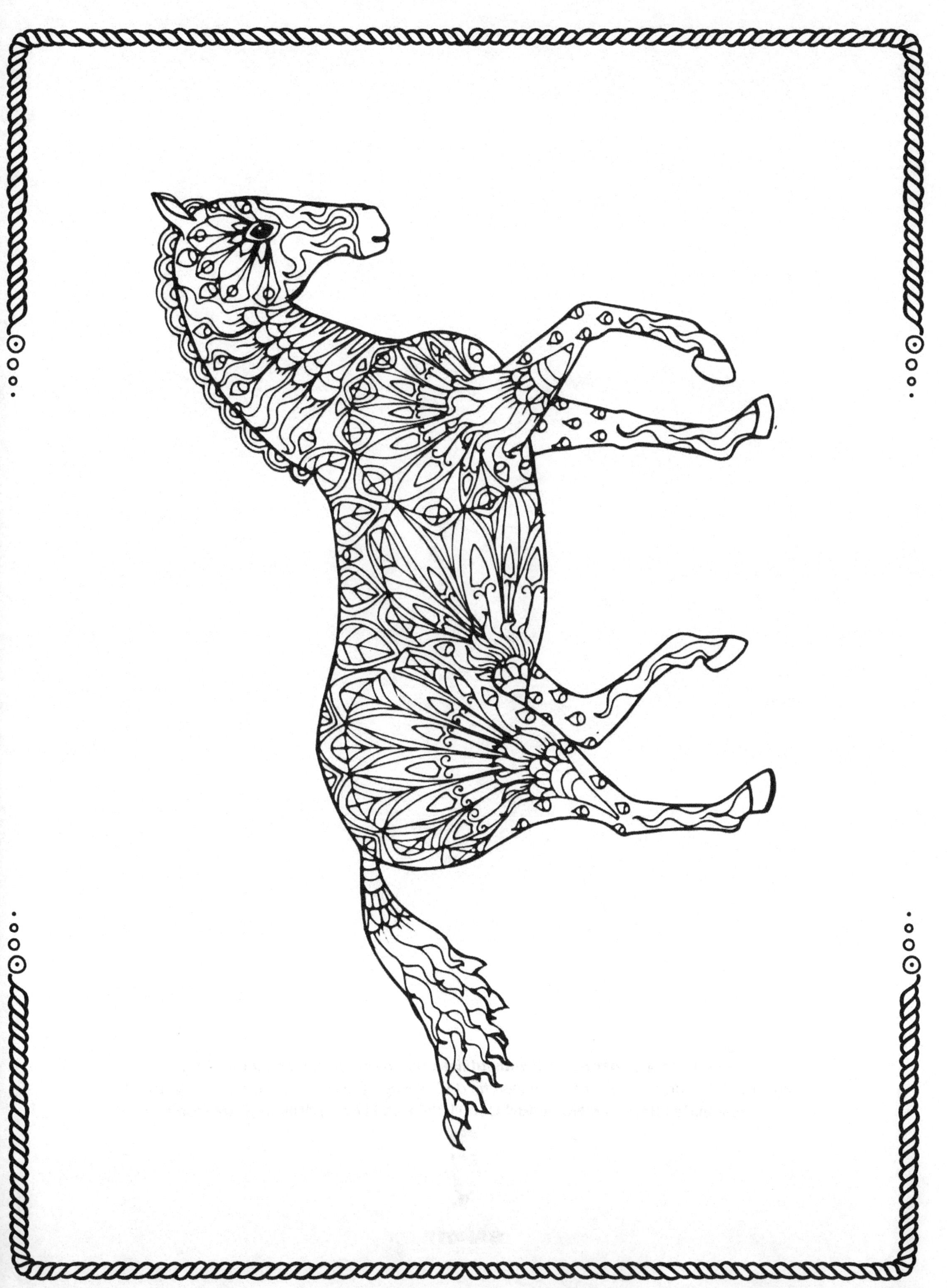

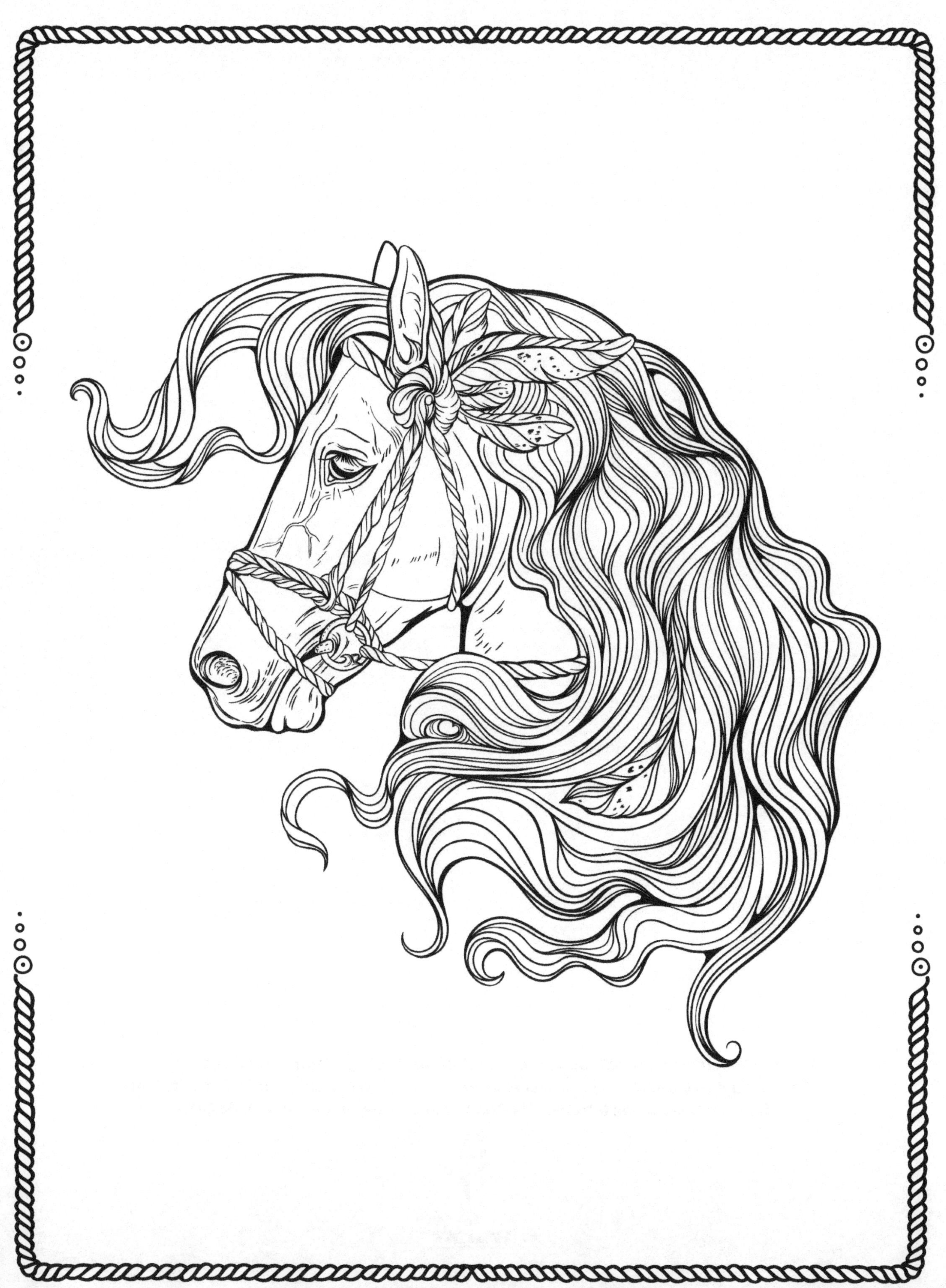

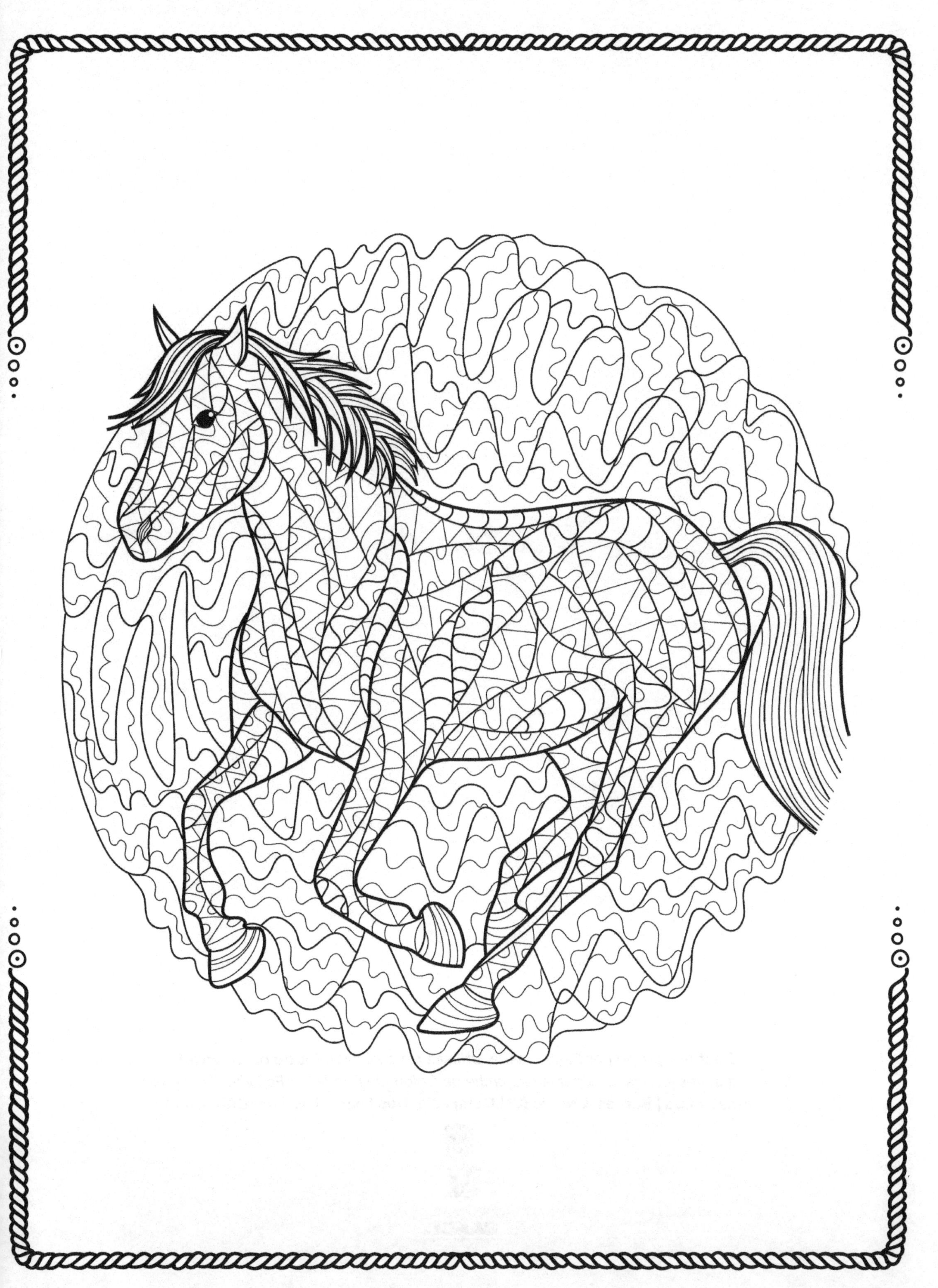

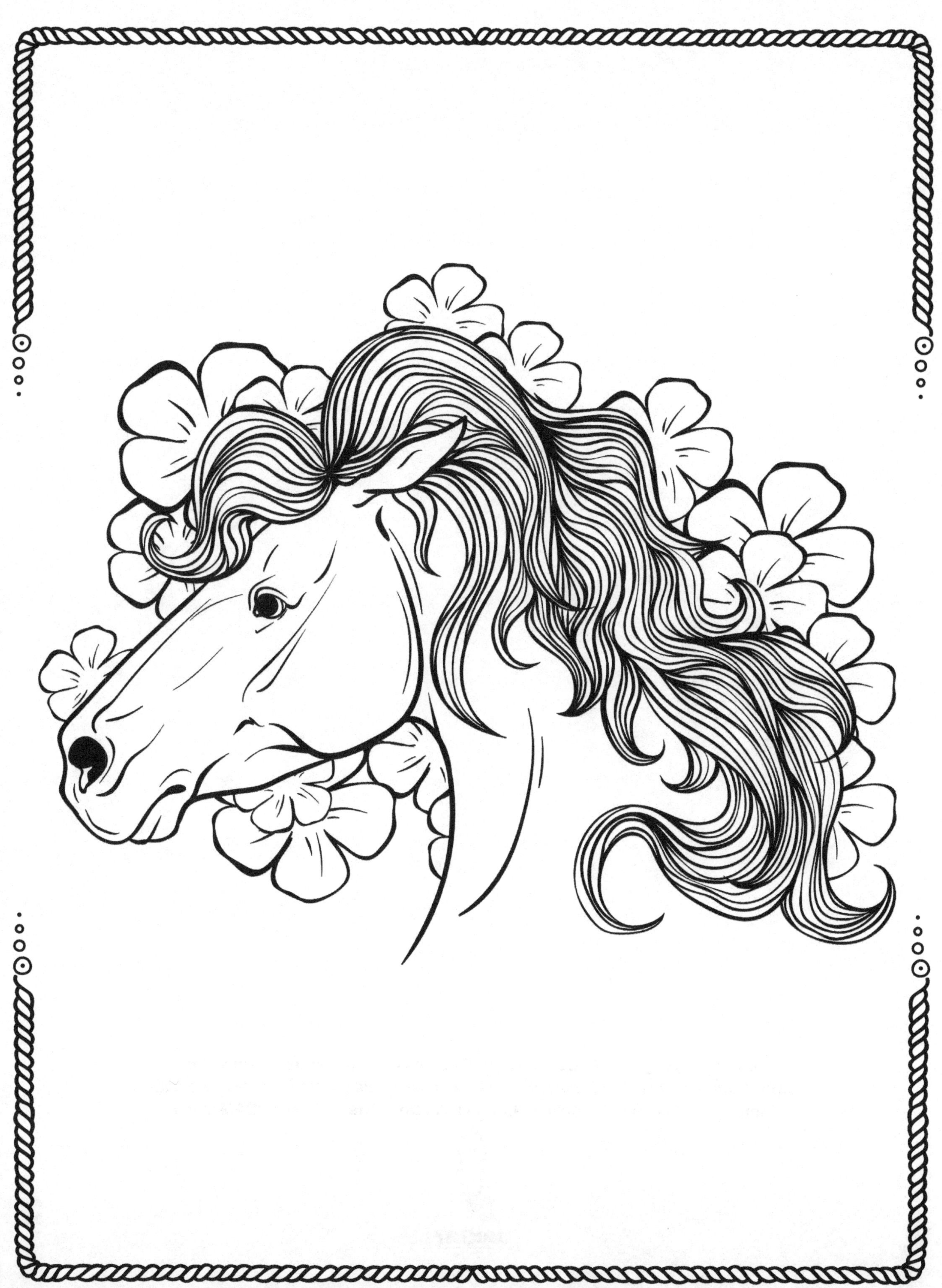

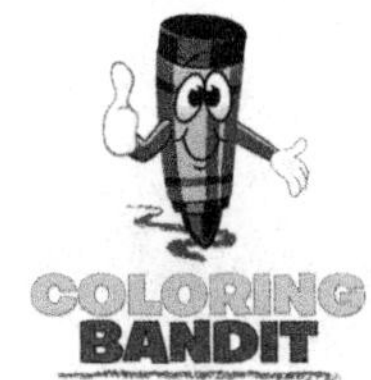

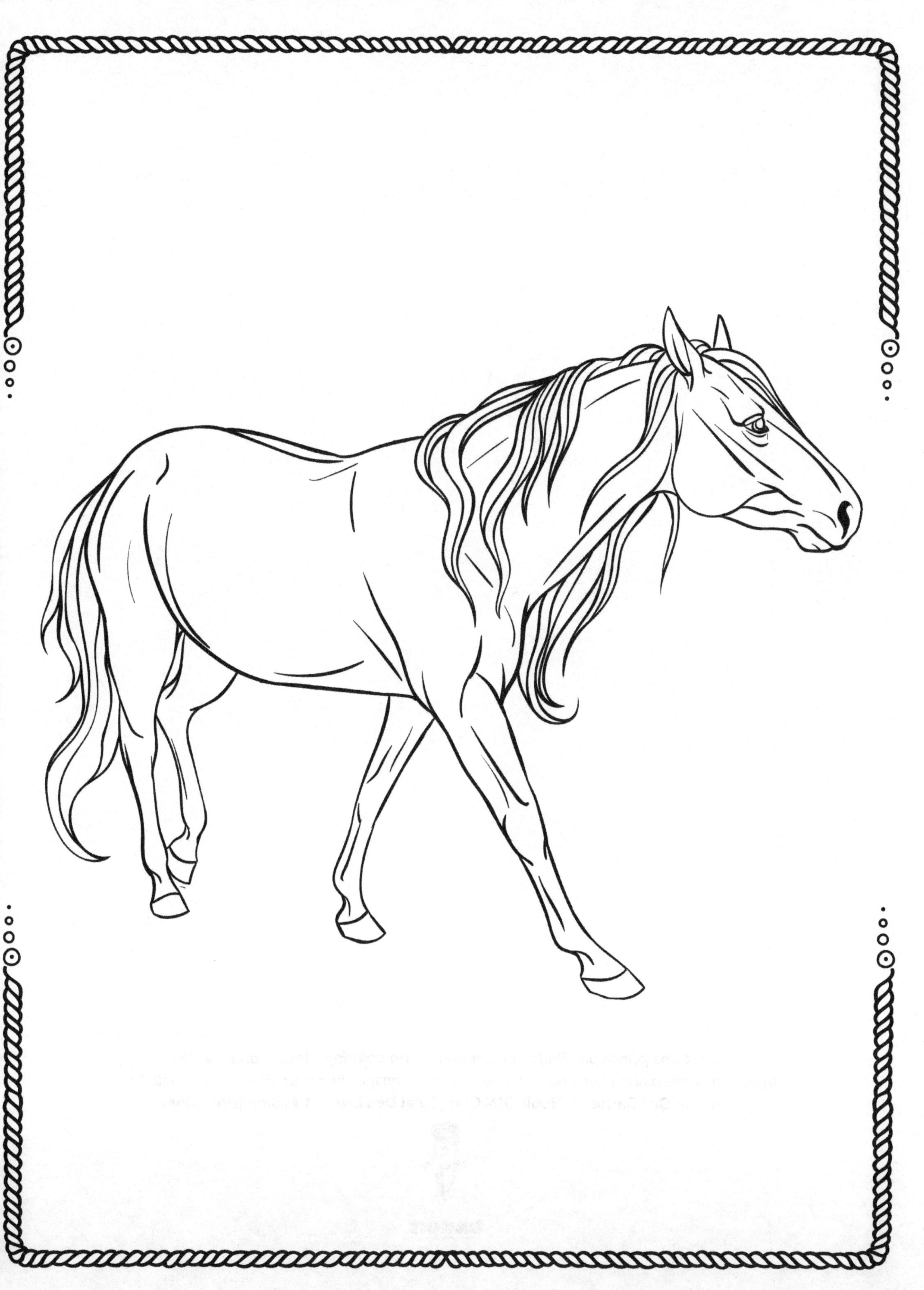

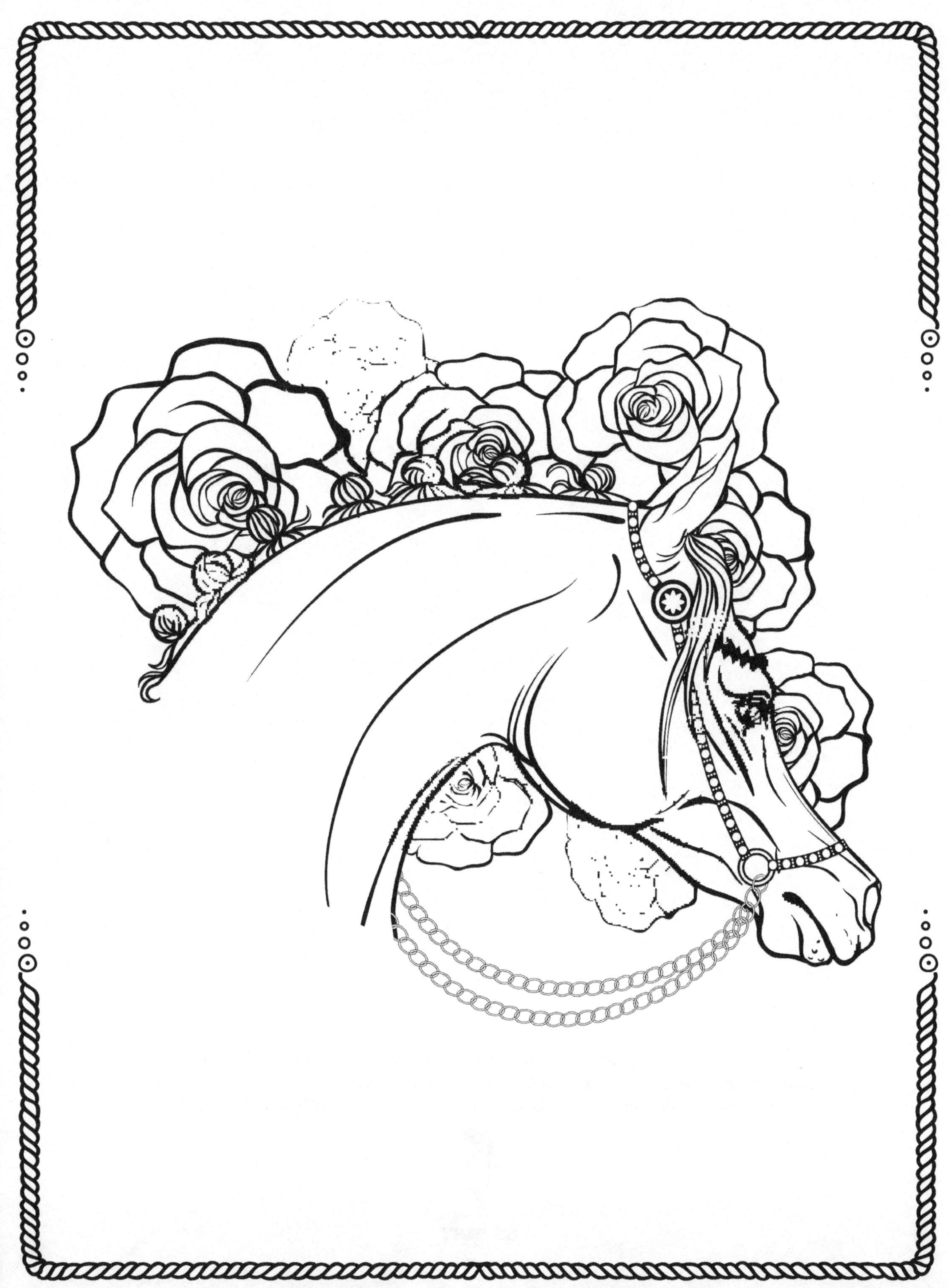

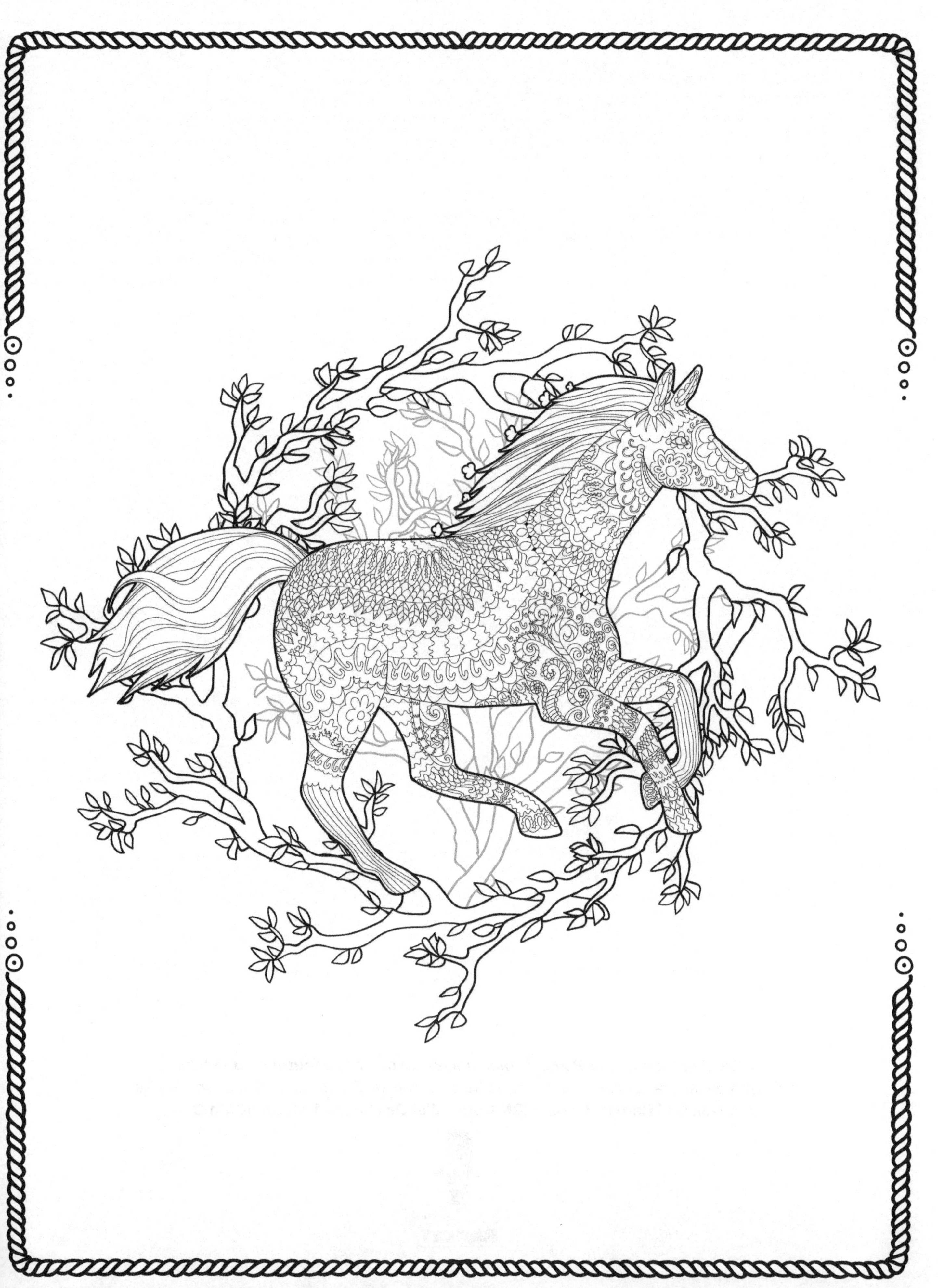

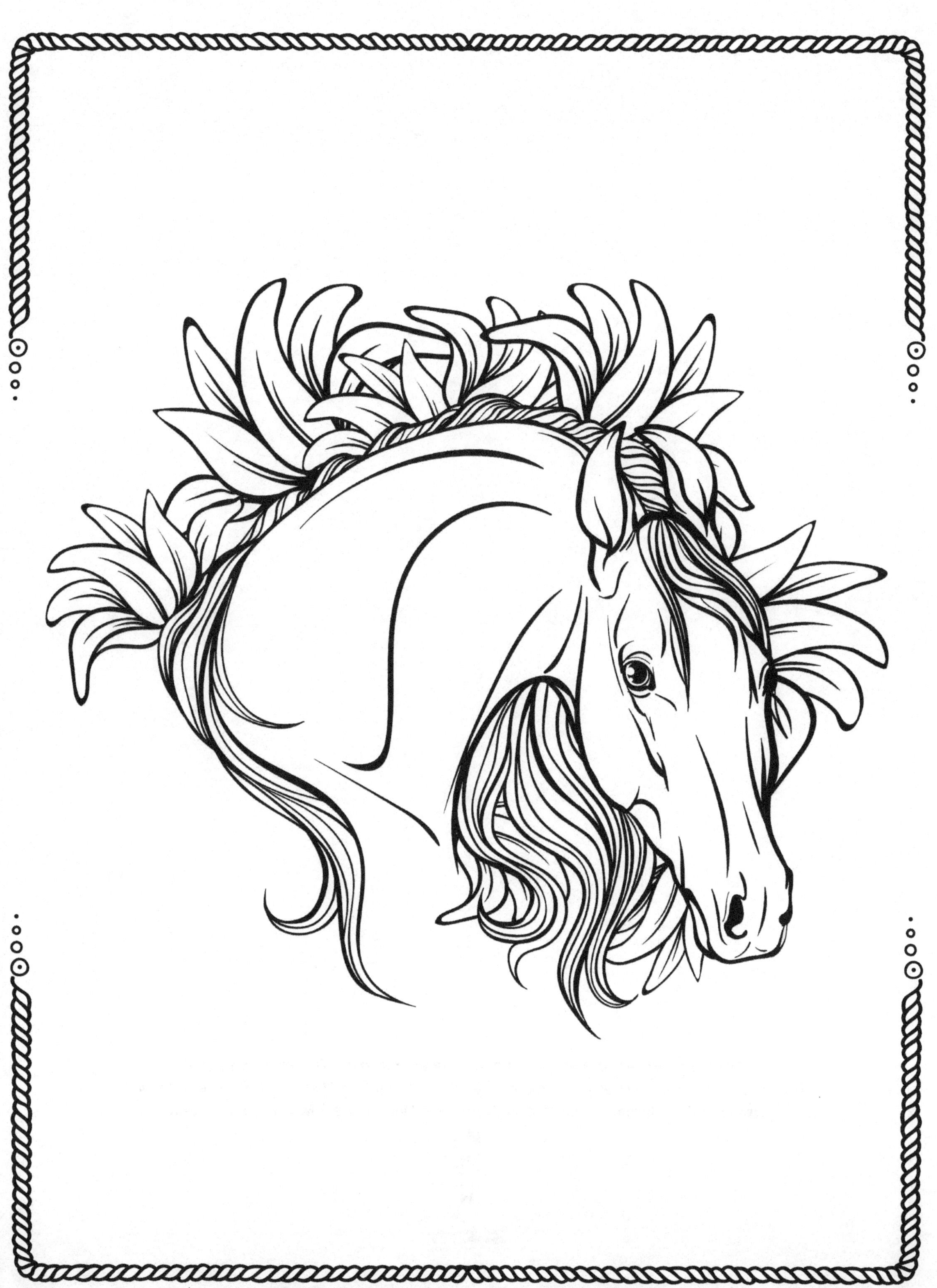

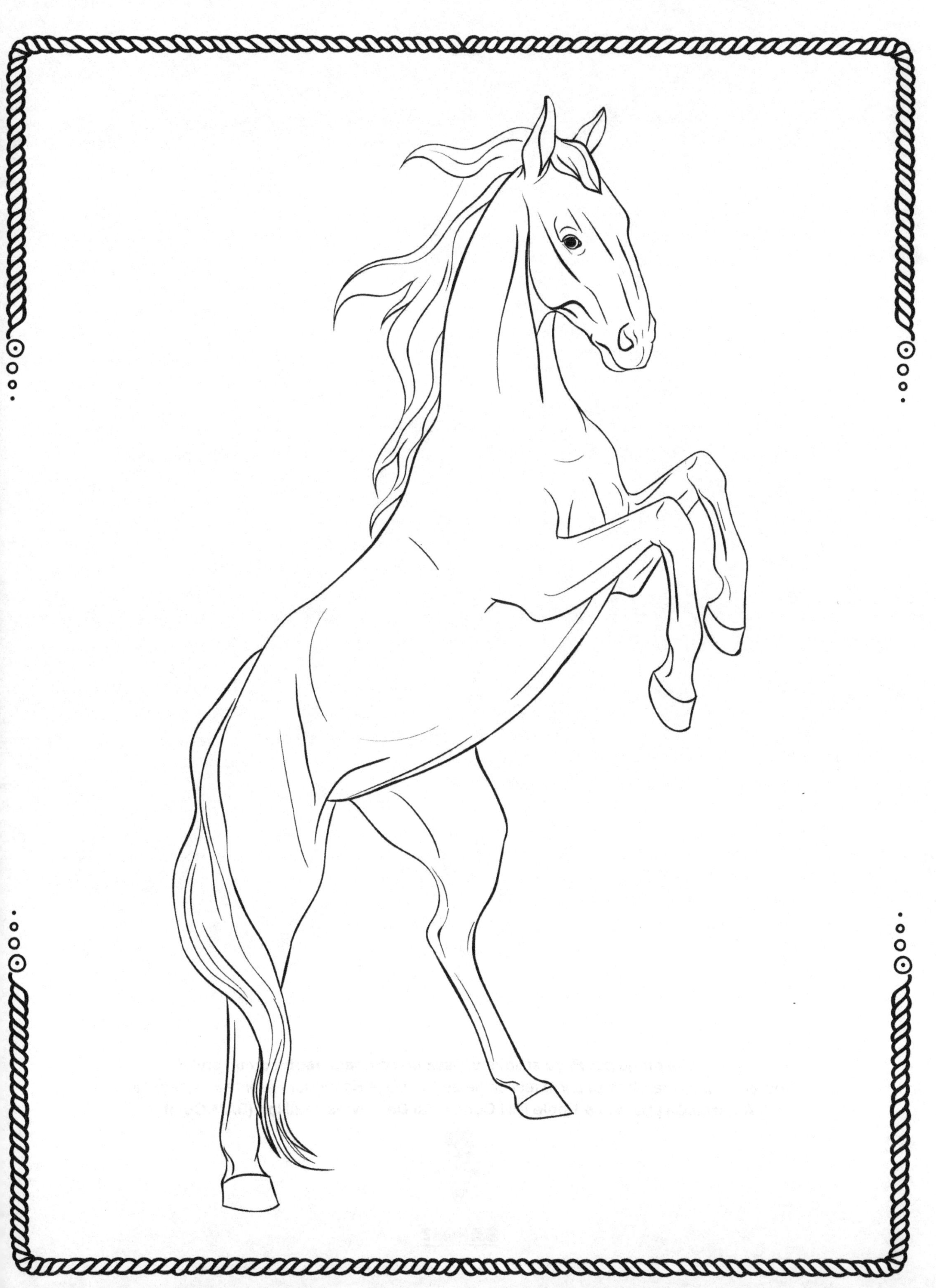

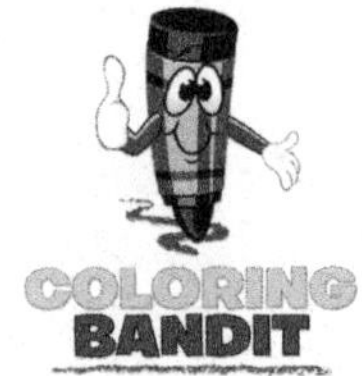

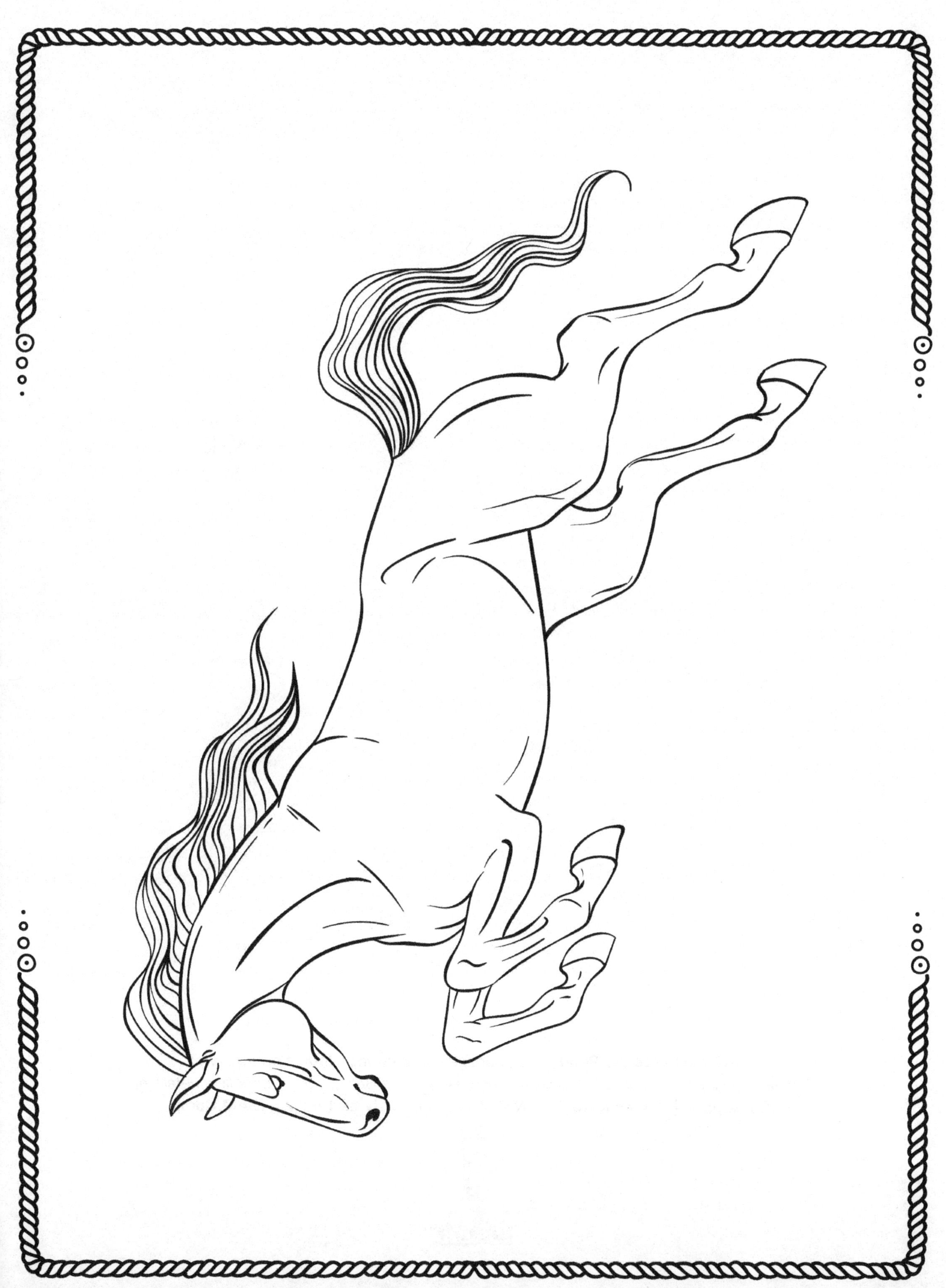

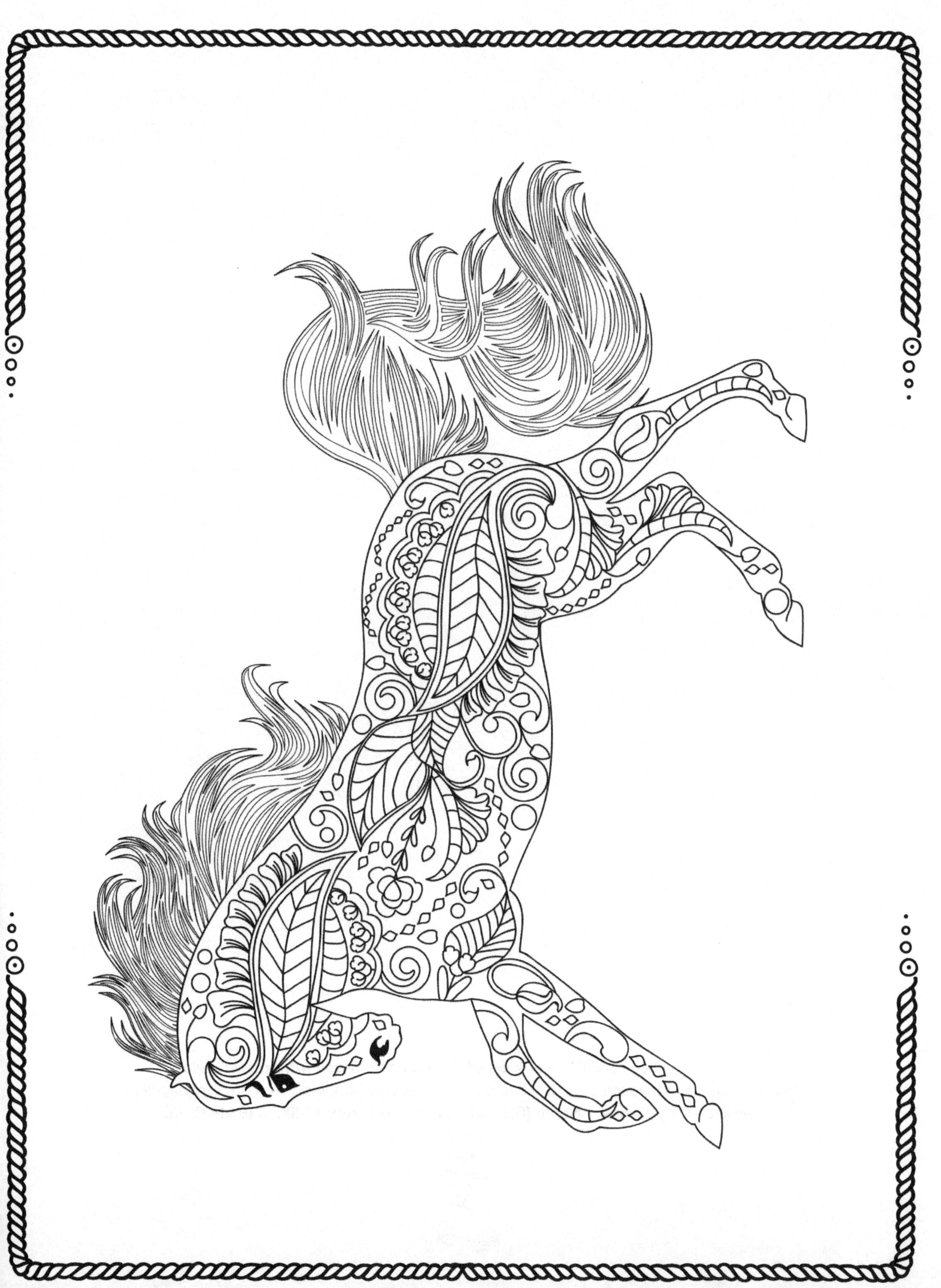

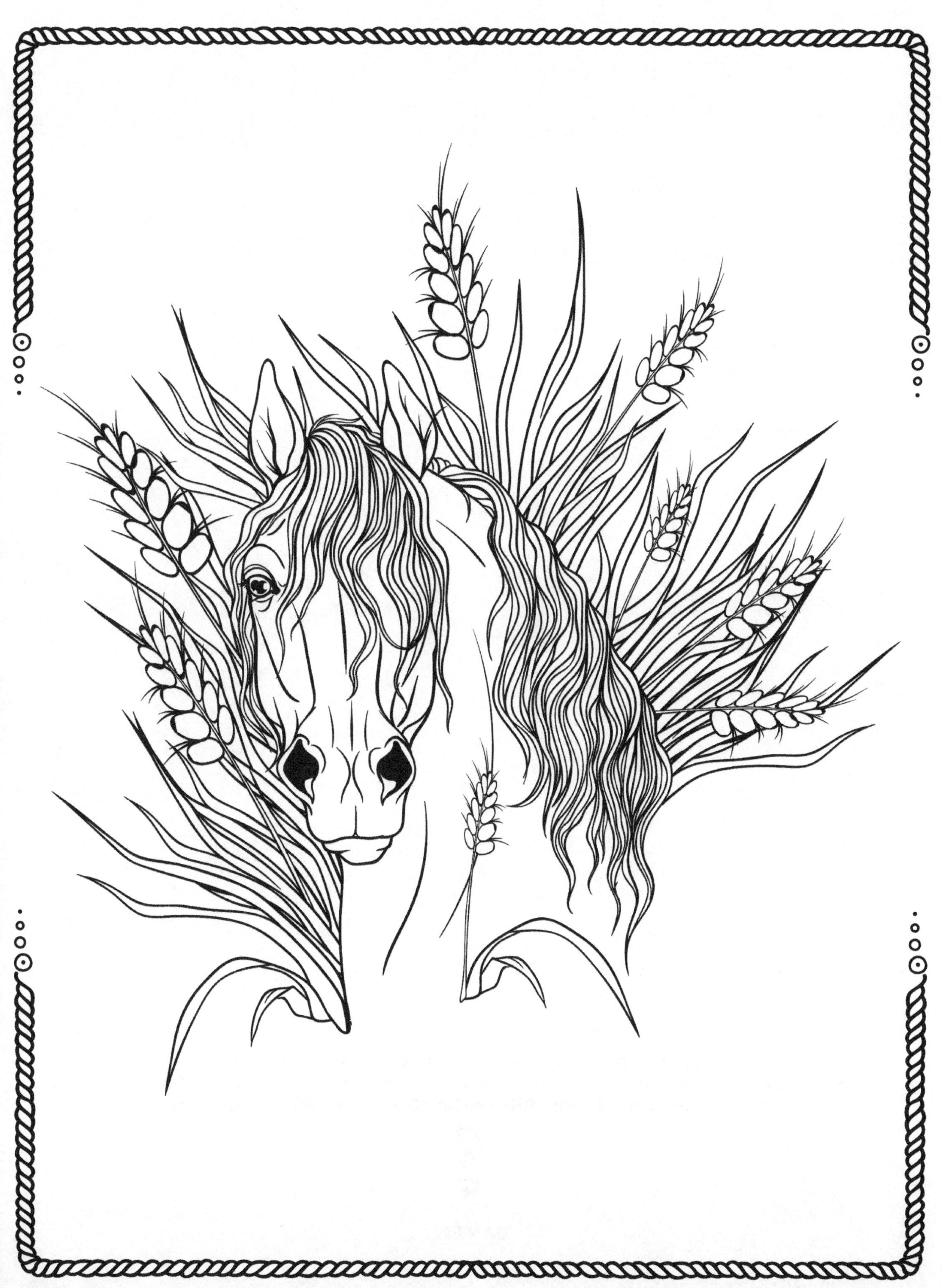

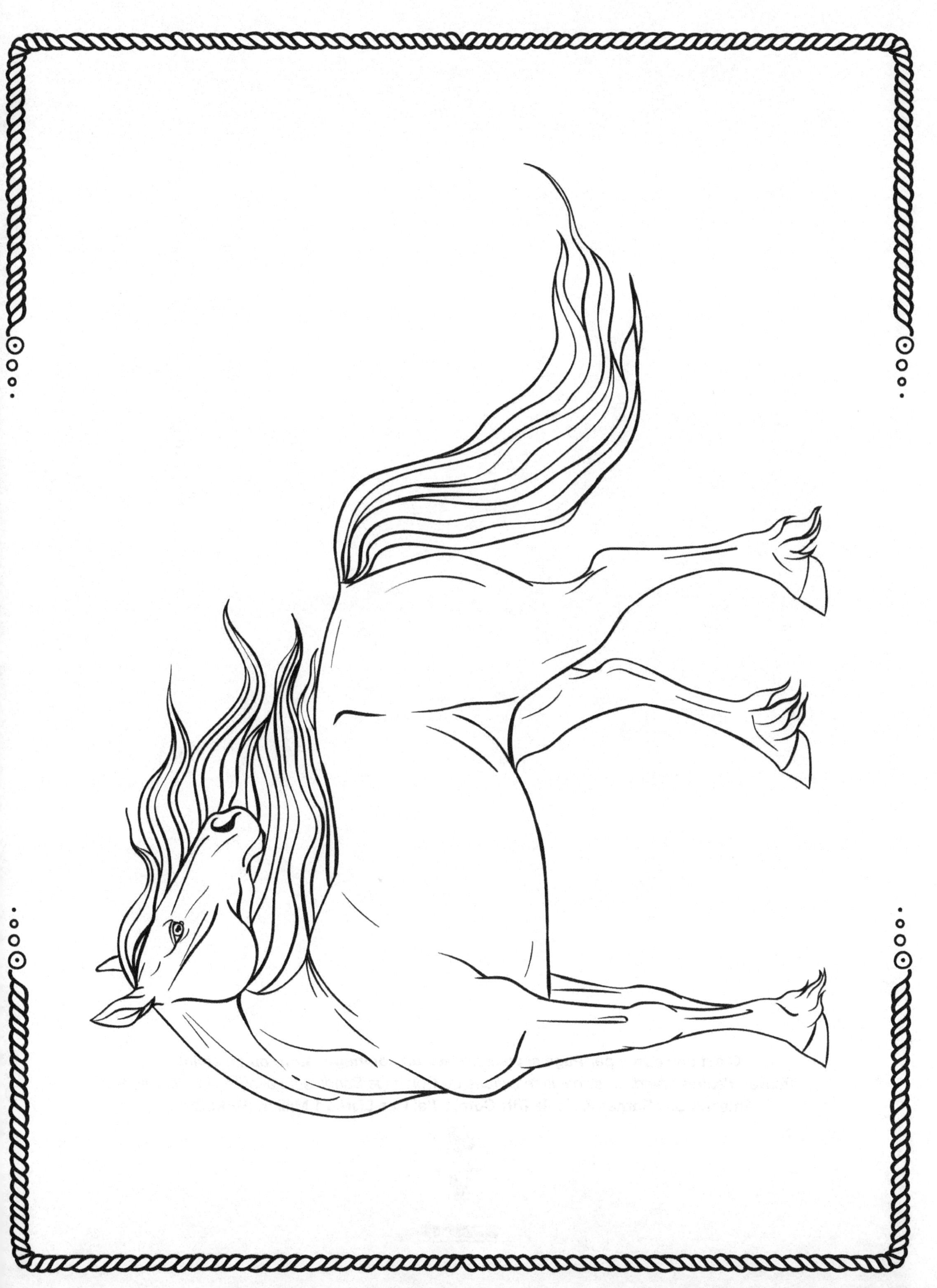

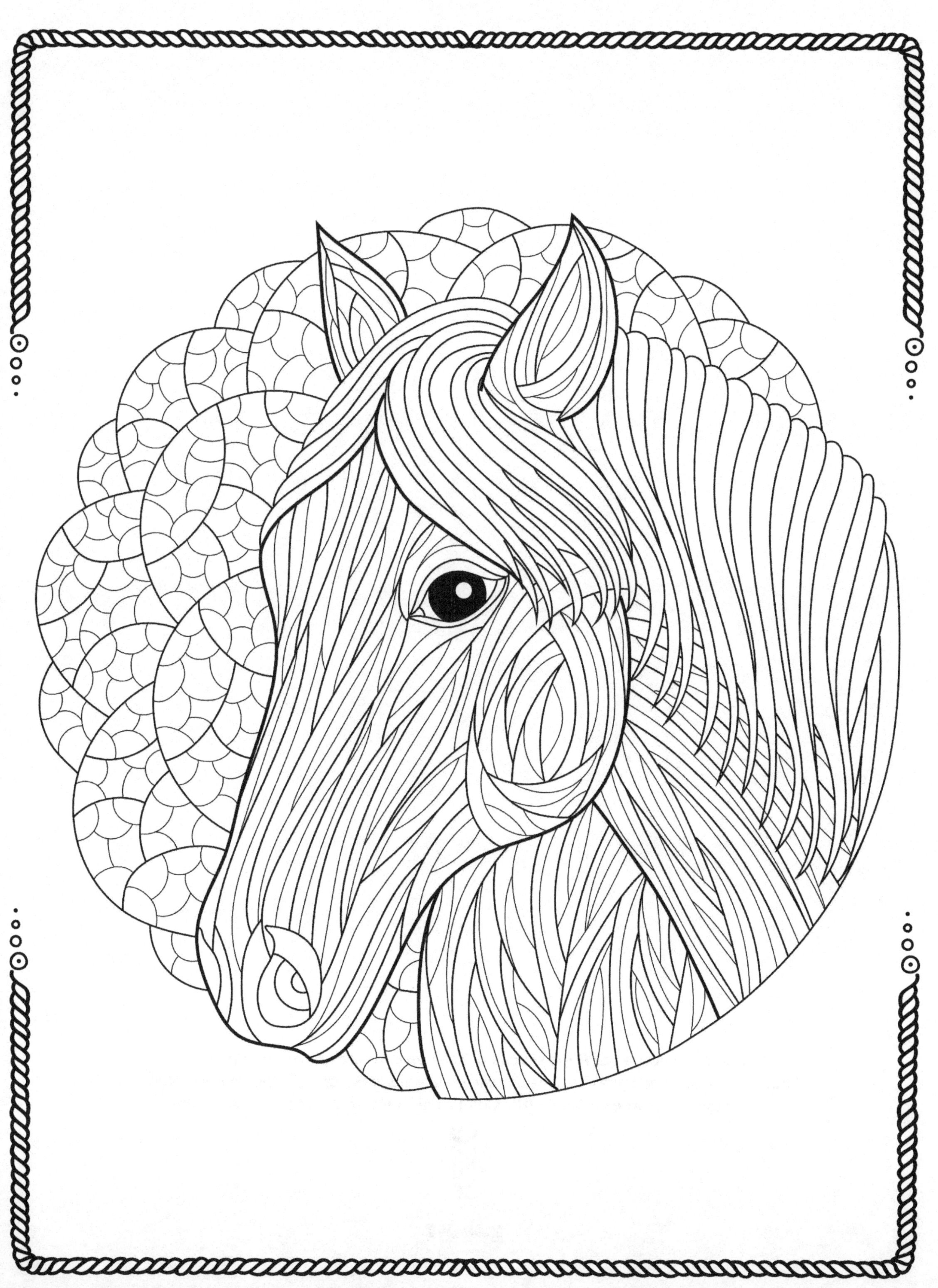

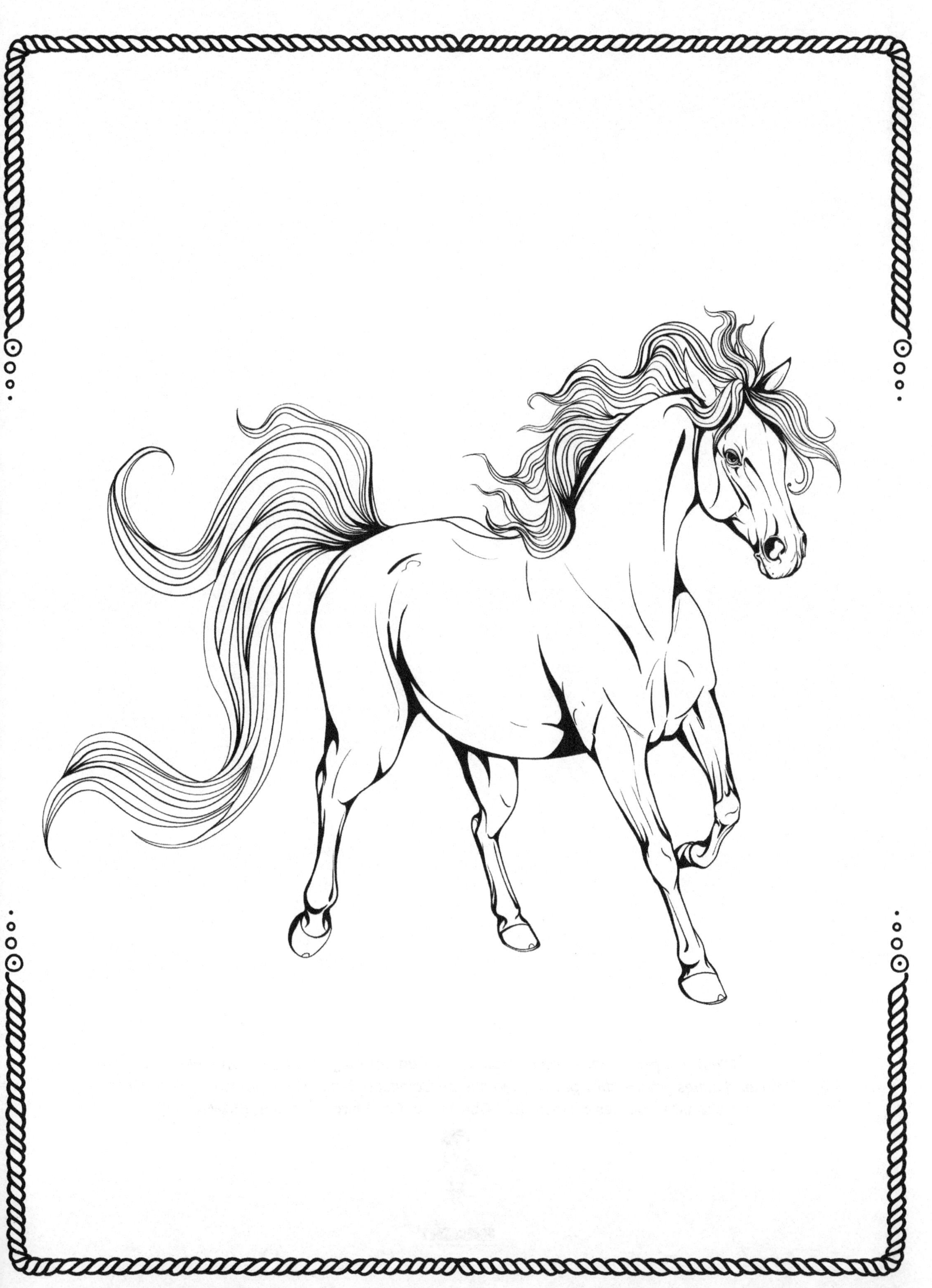

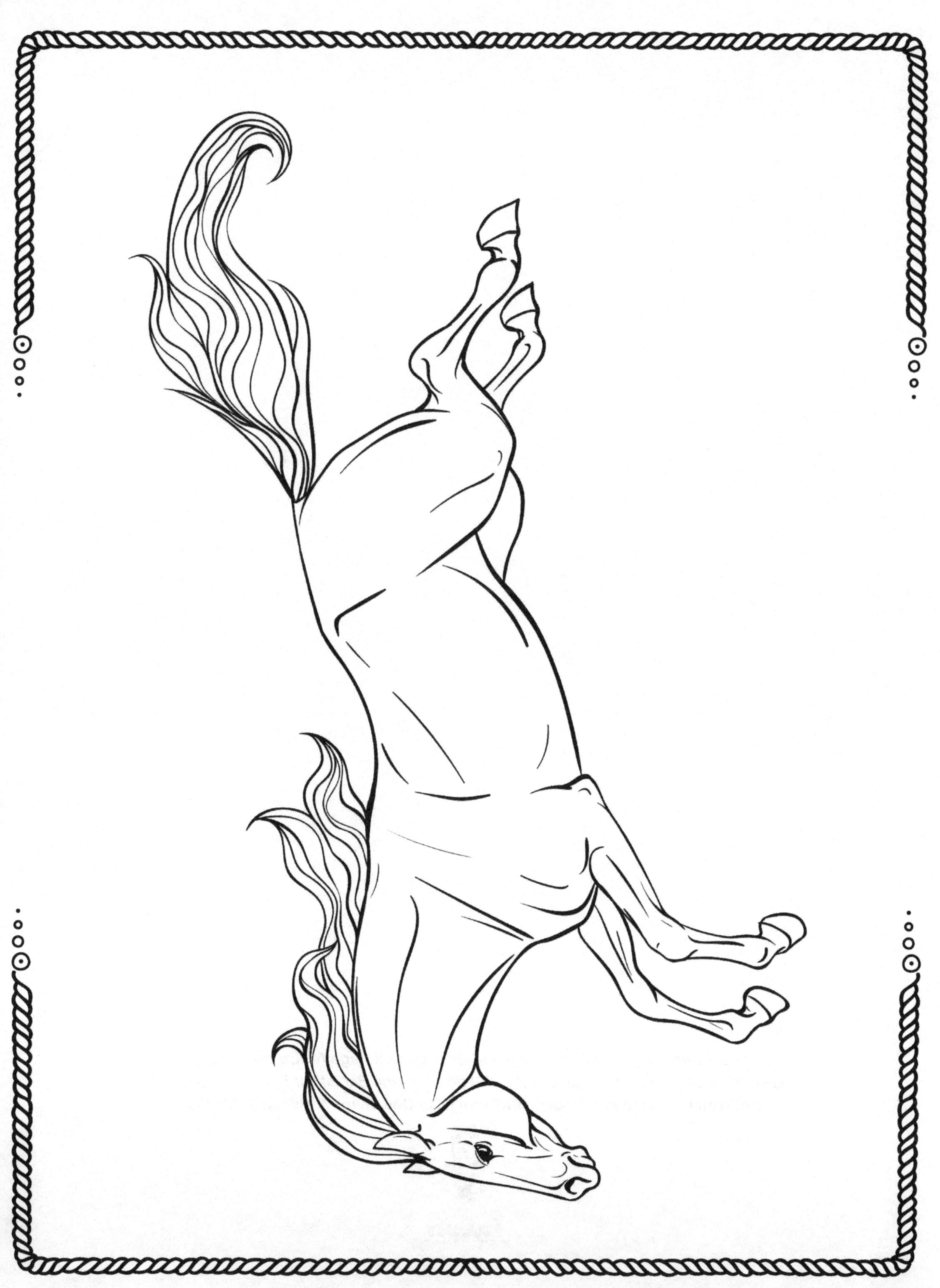

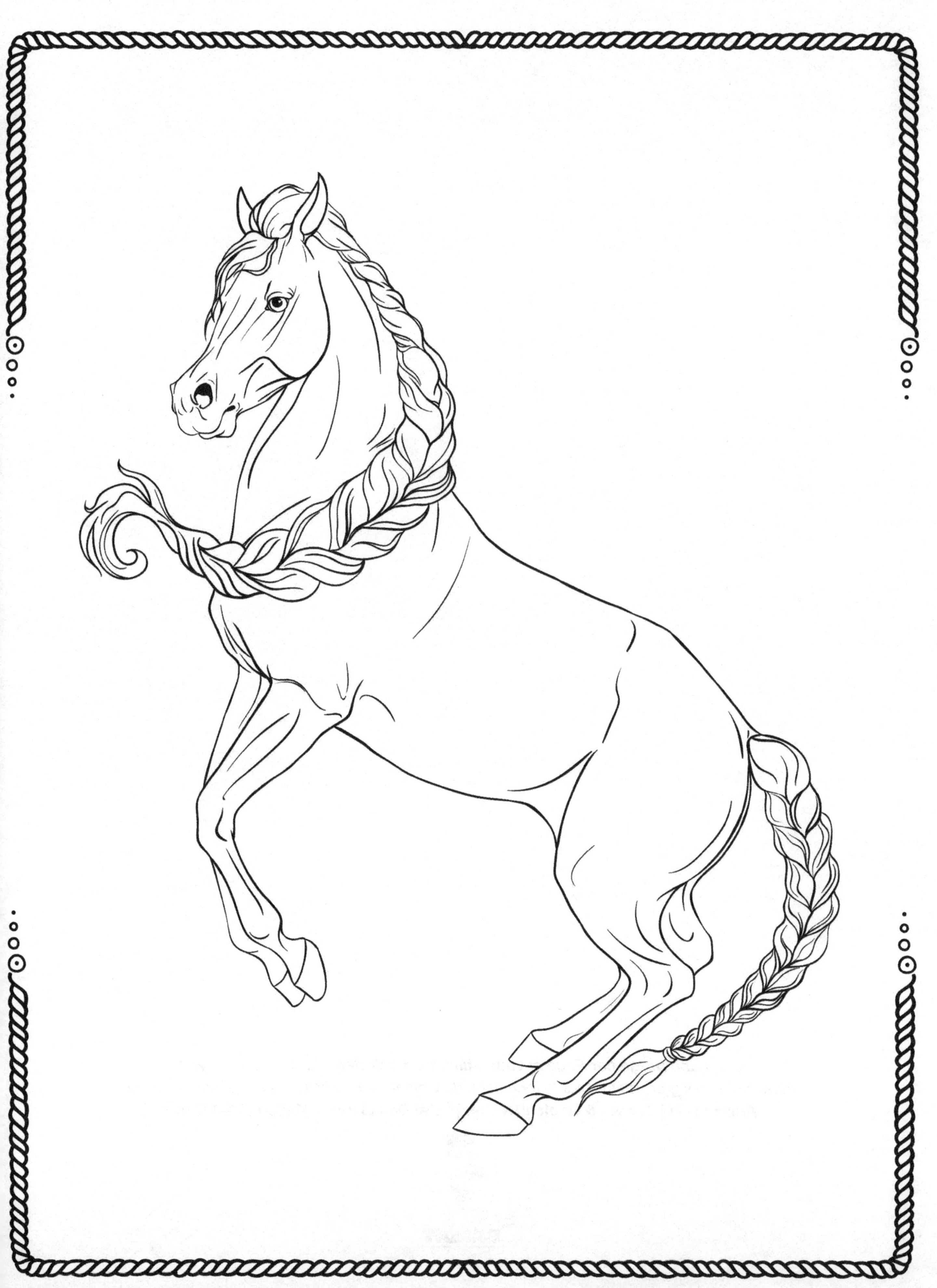

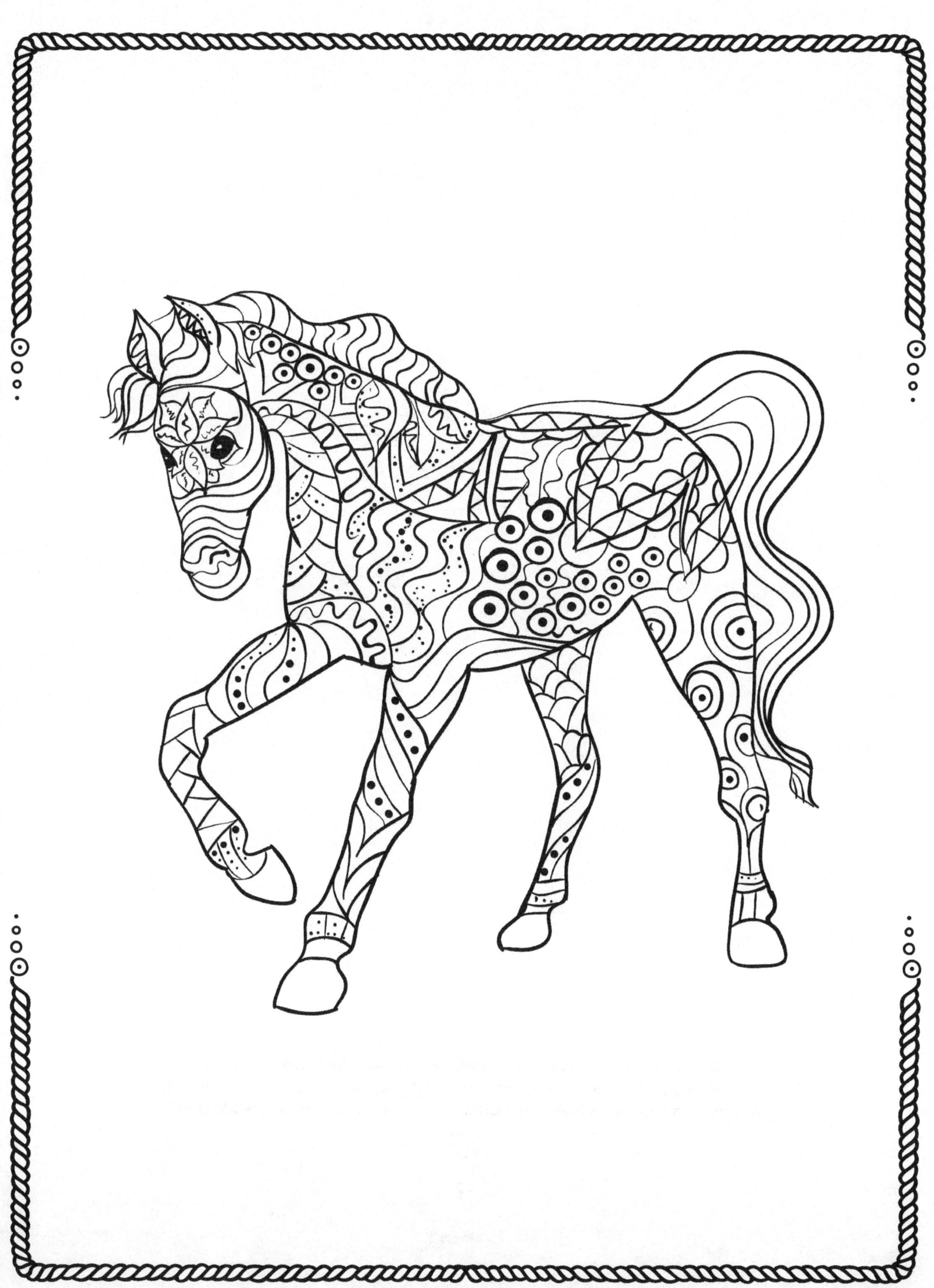

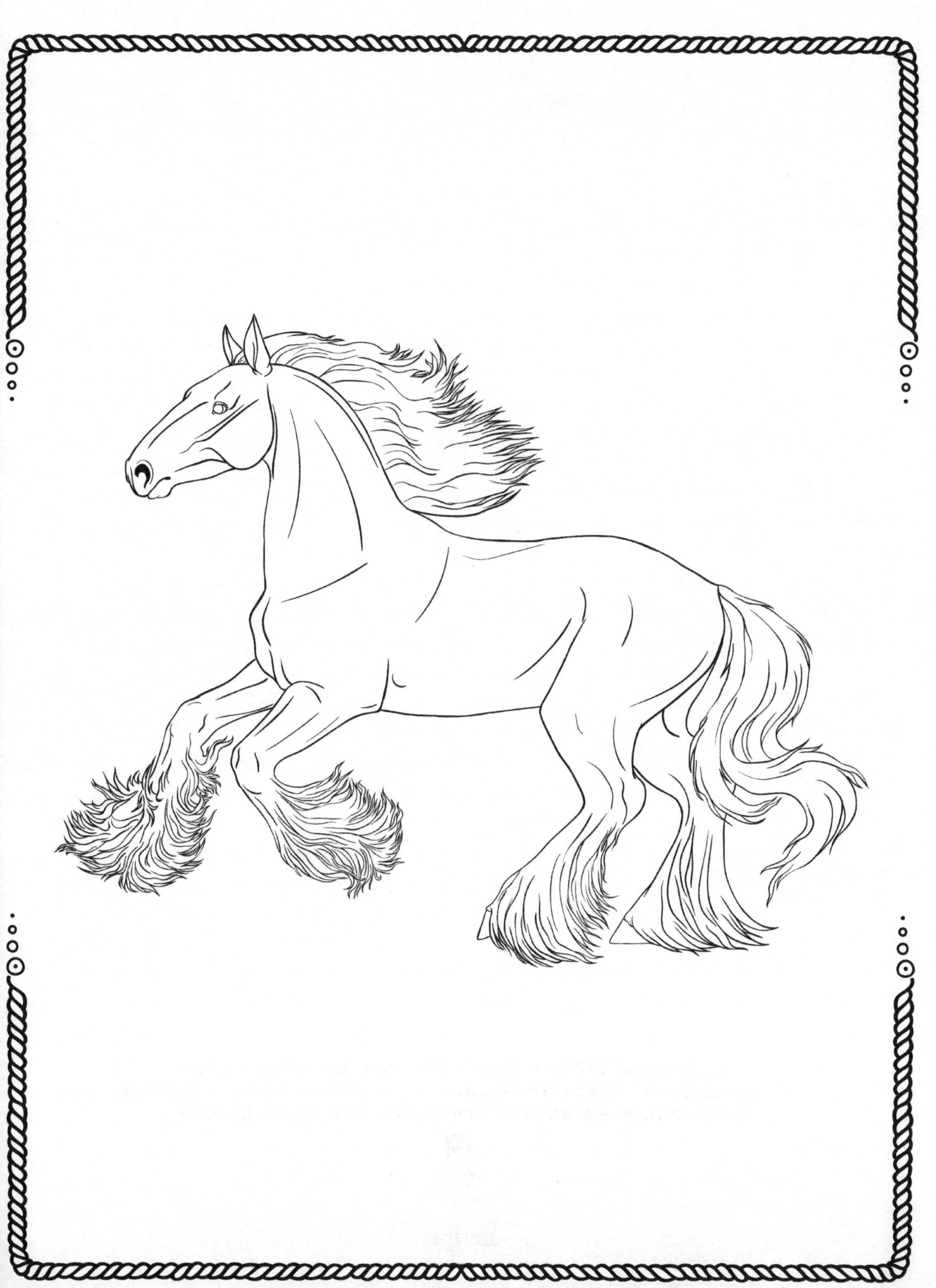

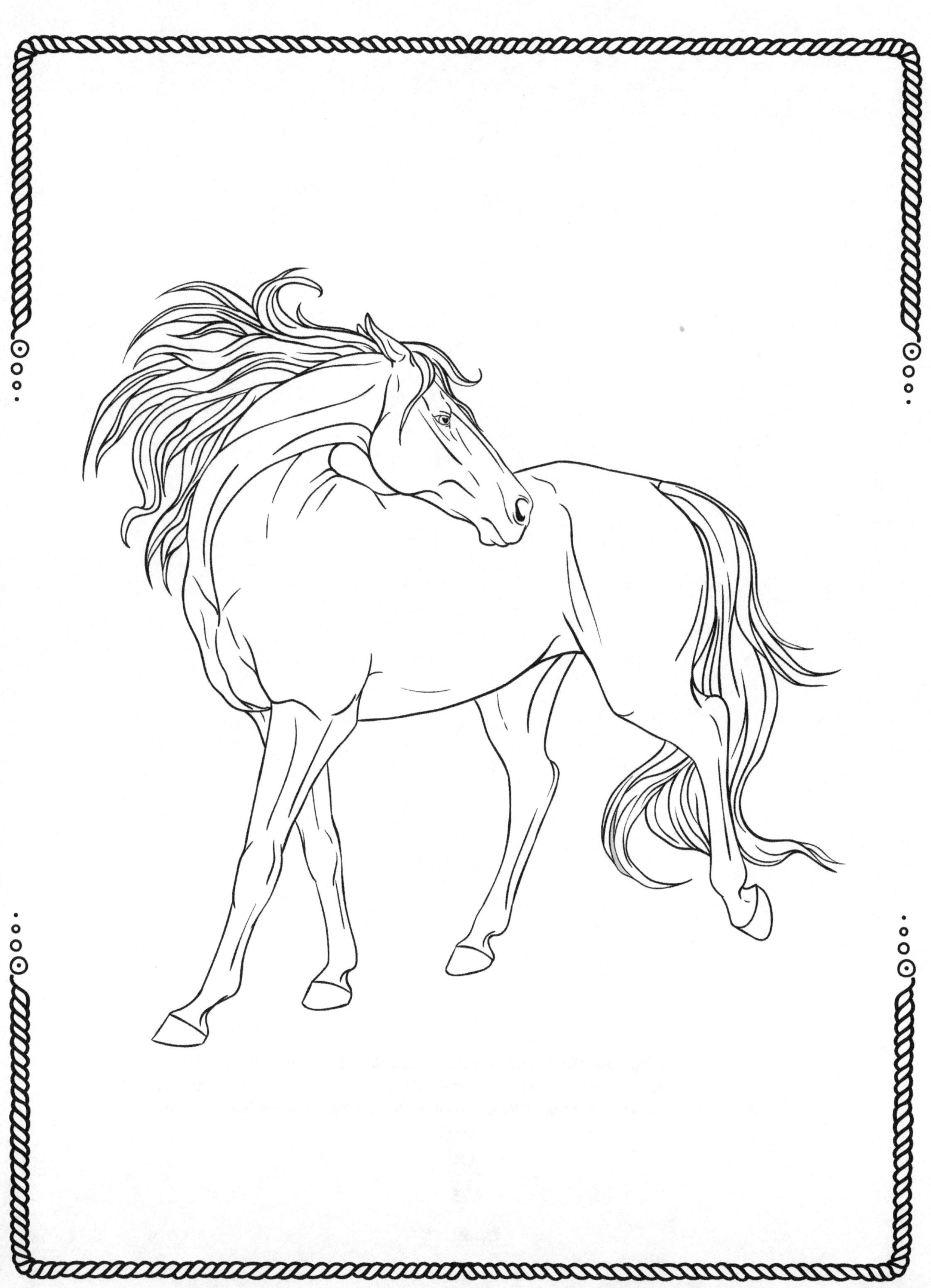

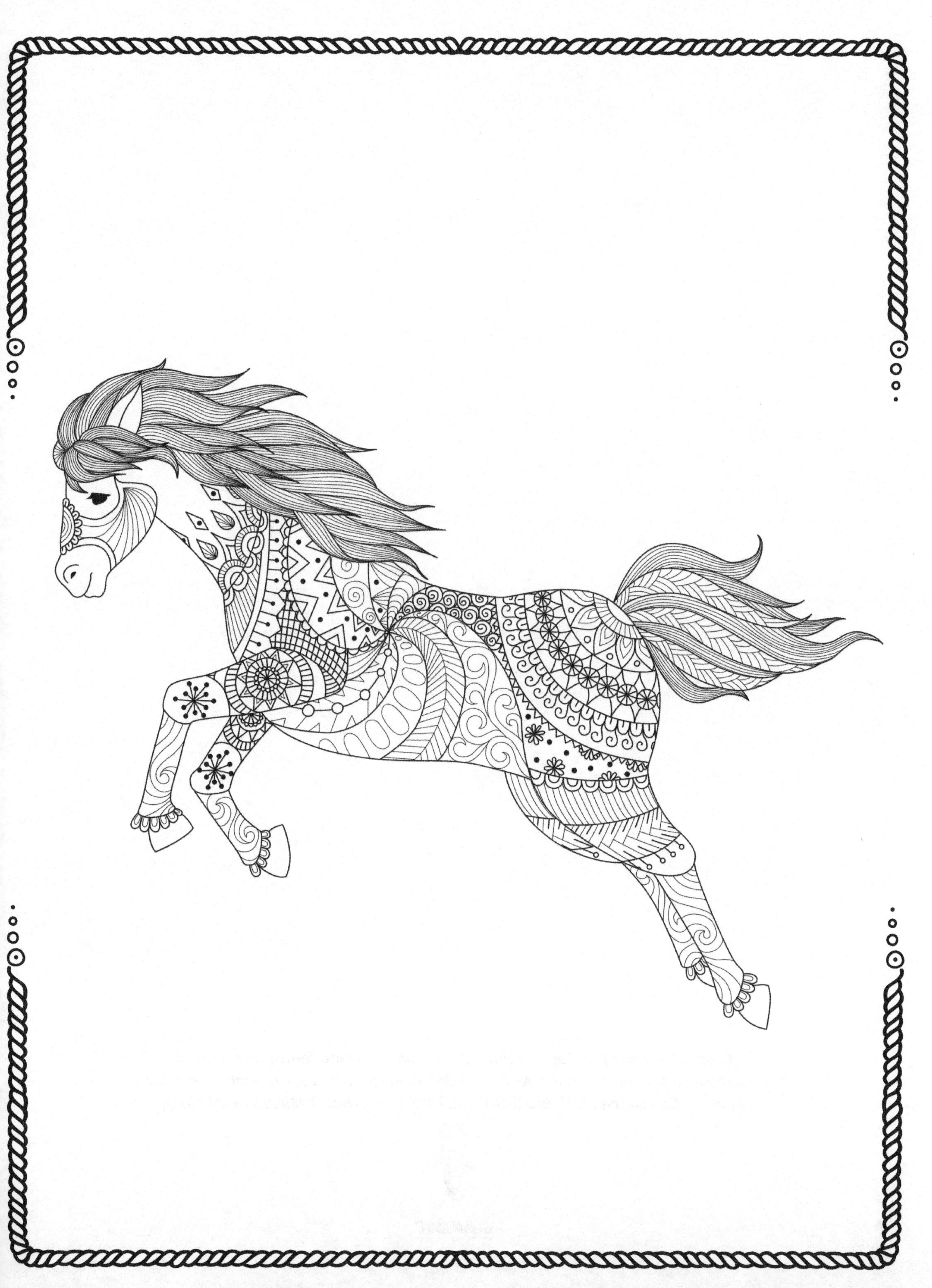

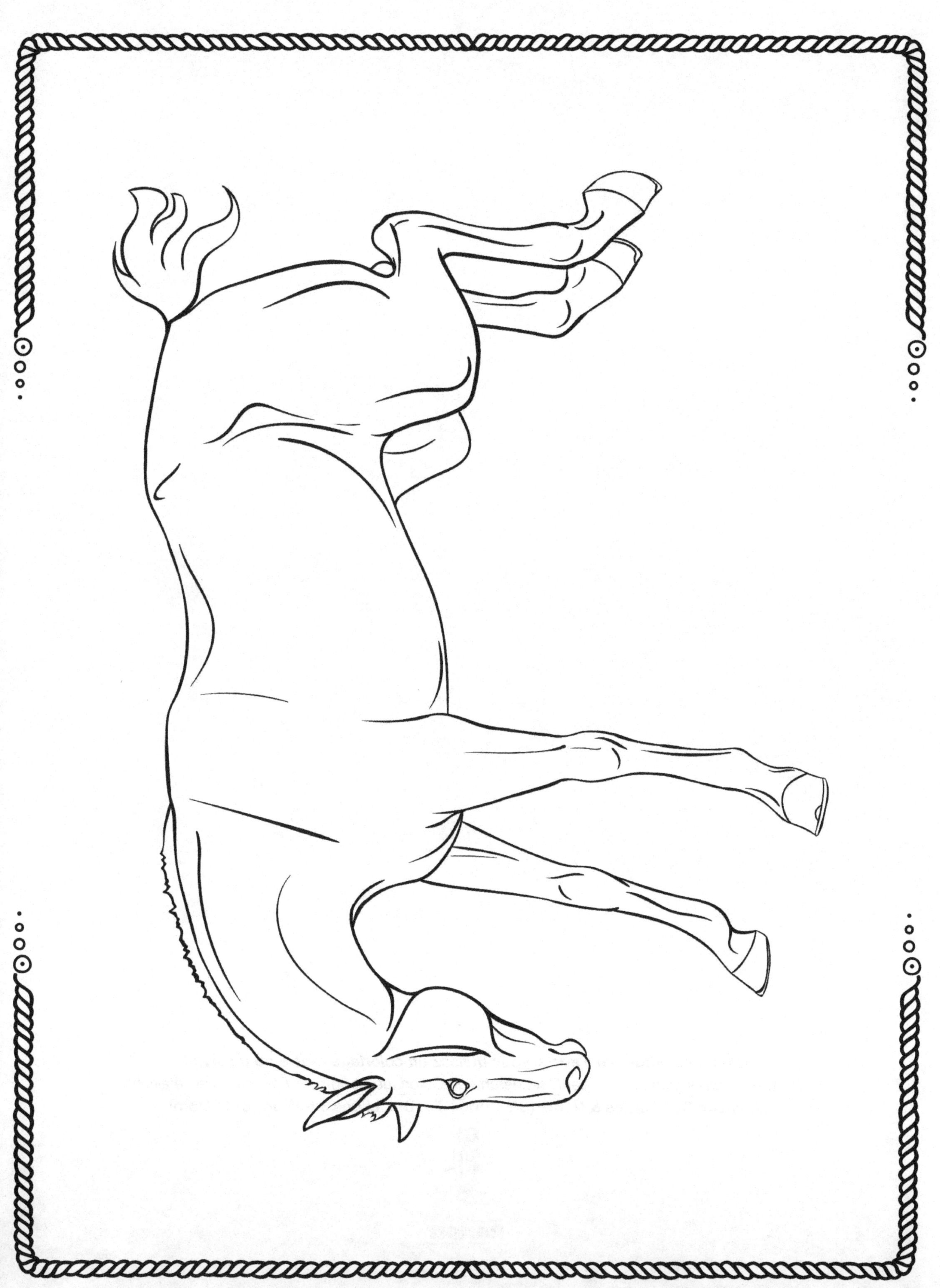

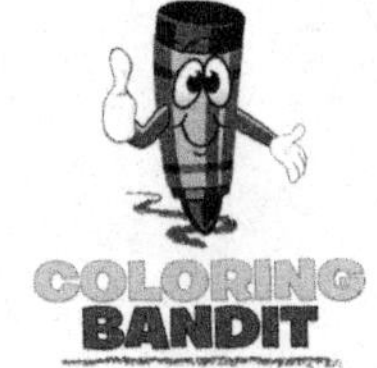

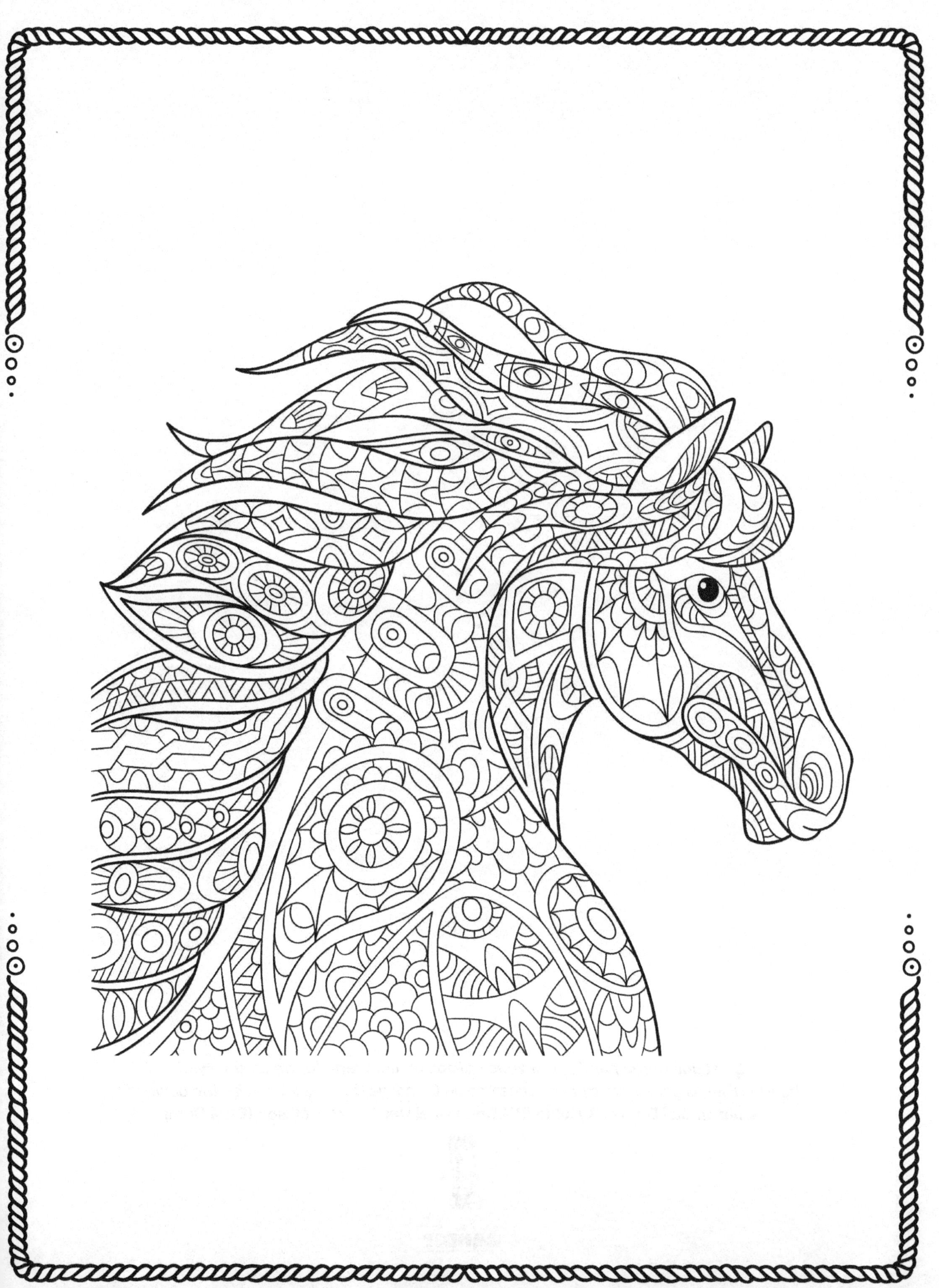

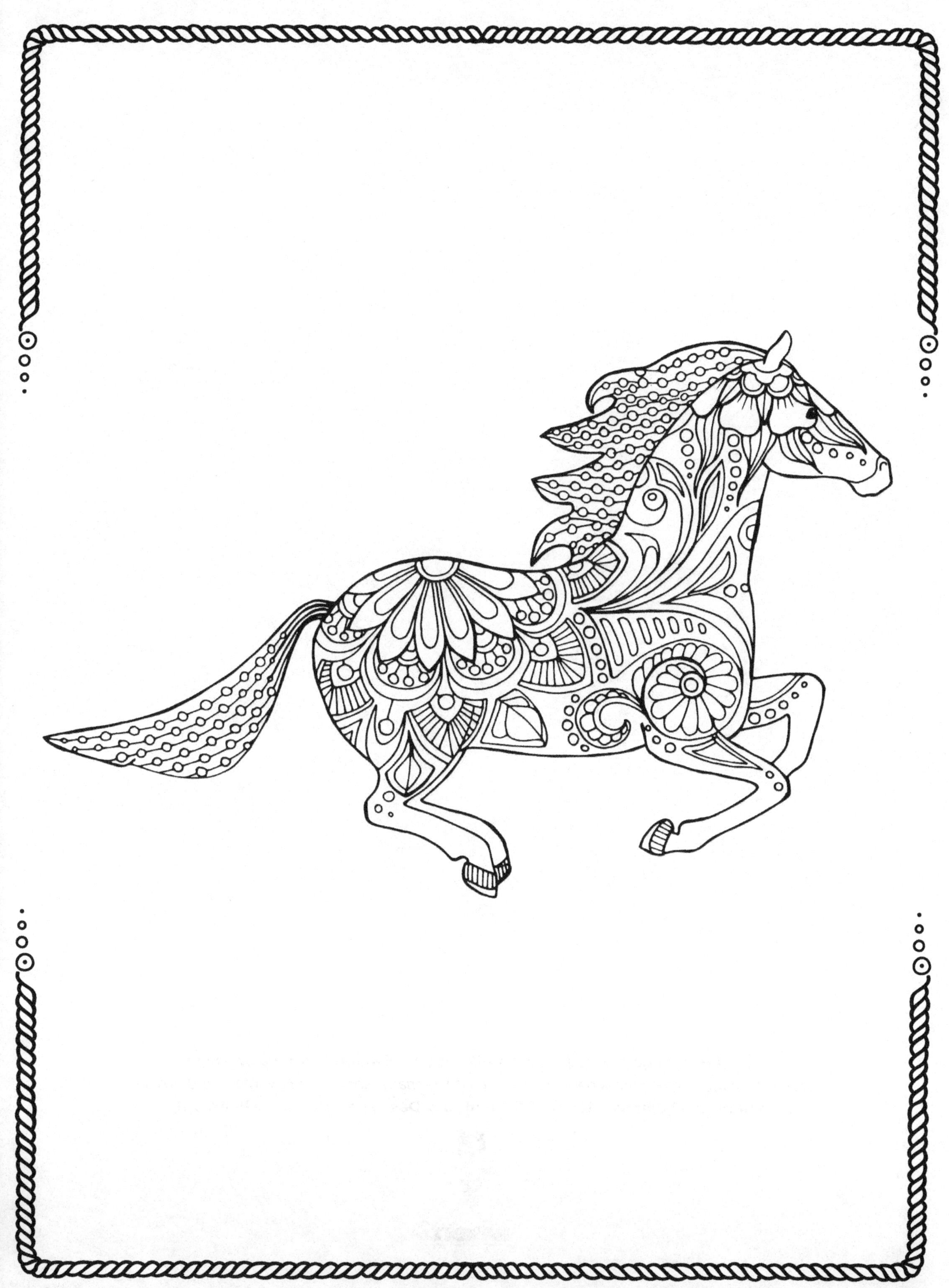

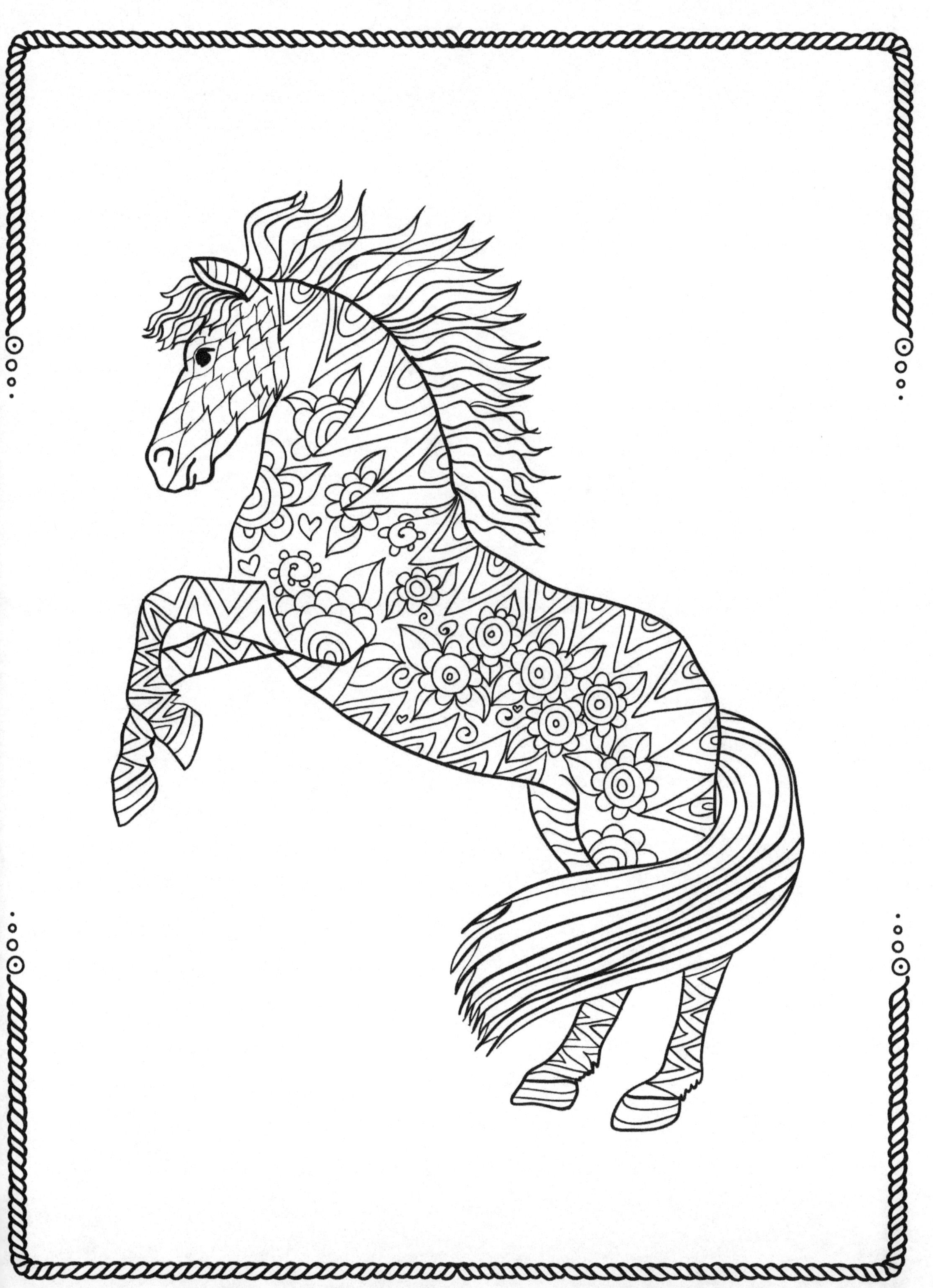

Made in the USA
Monee, IL
07 July 2026

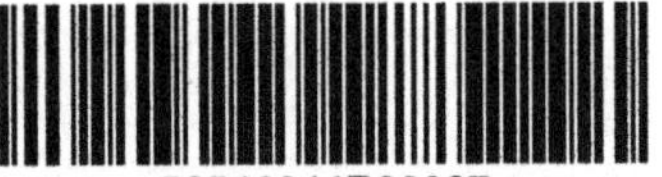

56546044R00037